经典全景二战丛书

马里亚纳海战

田树珍/编著

民主与建设出版社

·北京·

图书在版编目（CIP）数据

马里亚纳海战 / 田树珍编著 . -- 北京：民主与建设出
版社，2019.7（2023.4 重印）

（经典全景二战丛书）

ISBN 978-7-5139-2505-1

Ⅰ . ①马…　Ⅱ . ①田…　Ⅲ . ①太平洋战争—海战—史料
Ⅳ . ① E195.2

中国版本图书馆 CIP 数据核字（2019）第 103068 号

马里亚纳海战
MALIYANA HAIZHAN

编　　著　田树珍
责任编辑　程　旭
封面设计　亿德隆文化
出版发行　民主与建设出版社有限责任公司
电　　话　（010）59417747　59419778
社　　址　北京市海淀区西三环中路 10 号望海楼 E 座 7 层
邮　　编　100142
印　　刷　三河市天润建兴印务有限公司
版　　次　2020 年 5 月第 1 版
印　　次　2023 年 4 月第 2 次印刷
开　　本　710 毫米 ×1000 毫米　　1/16
印　　张　15
字　　数　180 千字
书　　号　ISBN 978-7-5139-2505-1
定　　价　49.80 元

注：如有印、装质量问题，请与出版社联系。

大海战100年

美国杰出的军事理论家马汉于1890—1905年间提出了制海权理论，其核心是"谁能控制海洋，谁就能控制陆地，进而控制整个世界"。因此，掌握全面制海权不仅是海军的核心任务，更是国家的战略目标，人类近代海战史充分印证了马汉这一理论。

近百年来，以美国、英国、法国、德国、意大利、日本为首的军事强国都在优先发展海上力量。在第一、第二次世界大战及近代几次战争中，这些国家通过海上封锁、破坏对方海上运输线、海上决战等方式，在一定海域内获得了制海权，进而实现了控制相关陆地的战略目的。

这其中，留给我们印象最深刻的是两次世界大战，无论是作战规模、作战样式，还是战争的惨烈程度都是空前的。在这两场战争中，海战这一古老的战争类型，由于使用了新武器、新装备，发生了革命性的变化。当德国的"俾斯麦"号和"提尔皮茨"号、日本的"大和"号和"武藏"号、英国的"威尔士亲王"号等超级战列舰被奉为"海战之王"时，以美国为代表的航空母舰及其战斗群横空出世，在一场场血与火的搏杀中表现出色，为美国最终赢得太平洋战争立下汗马功劳，名正言顺地取代了战列舰成为新的"海上霸主"。同时，随着人类科学技术的不断进步，核潜艇的出现又彻底打破了固有的海战模式，其强大的战略、战术威慑力，使之成为令人生畏的深海杀手。

为了再现近百年的大海战全景，我们精心推出"经典百年海战大观"系列丛书。这套书详细地再现了近百年来海战中的经典战例、著名战舰以及一些鲜为人知的人物故事，共20册，每册讲述一个独立的海战故事，书中涉及日德兰之战、珍珠港之战、珊瑚海之战、中途岛之战、瓜达尔卡纳尔之战、莱特湾之战、马里亚纳群岛之战、围歼"俾斯麦"号战列舰之战等海战史上至今仍然被人们津津乐道的经典战役。

进入21世纪，中国人民解放军海军迅速发展壮大，有力地保卫了祖国海防，但中国海军依然任重道远。要保护我们国家的利益，需要建设强大的海军，需要我们比以往任何时候都更加关注海洋、了解海战的历史。

目　录

第一章

抢滩吉尔伯特群岛

"电流"作战计划

1943 年年初，美军在太平洋战场上，经过中途岛、新几内亚、瓜达尔卡纳尔岛等战役，逐步扭转了战争初期的被动，夺取了战略主动权。随着工业潜力的全面开发，美国军事工业得到了迅猛发展，部队得到了大批新式武器装备，使其军事实力大为增强。到 1943 年秋，美国海军太平洋舰队已拥有 11 艘航空母舰、18 艘护航

塔拉瓦岛的炮台遗址

航空母舰、12 艘战列舰、9 艘重巡洋舰、5 艘轻巡洋舰、66 艘驱逐舰、29 艘运输舰，以及大量登陆作战舰只。同时，美军最高领导层经过认真分析和仔细研究讨论，决定采取双管齐下的战略，以中太平洋为主要战略进攻方向，西南太平洋为次要战略进攻方向。两个进攻方向，既可以相互支援、掩护，又可以分散日军的兵力，使其难以判明美军的主要进攻方向。

面对如此众多的岛屿，美军战略进攻究竟从何入手呢？

美国参谋长联席会议最初决定首先进攻马绍尔群岛。1943 年 6 月，中太平洋战区兼太平洋舰队司令尼米兹收到指令，负责制定进攻马绍尔群岛的作战计划。尼米兹考虑到马绍尔群岛自第一次世界大战之后就是日本的托管地，1935 年以后更是严禁外国人进入，太平洋战争爆发后，日军加紧在该群岛建设军事基地，部署守备部队。不仅如此，该群岛位于美军岸基飞机航程之外，具体情况因无法组织空中侦察而一无所知。而英国原殖民地马绍尔群岛东南的吉尔伯特群岛是太平洋战争爆发后才被日军占领的，加上吉尔伯特群岛距离美军基地较近，美军通过多次空袭和空中侦察，对该地区情况有基本了解。因此，尼米兹觉得应该首先进攻吉尔伯特群岛，然后以吉尔伯特群岛为基地，对马绍尔群岛进行空中侦察，待充分掌握马绍尔群岛的情况后，再发动进攻。参谋长联席会议同意了尼米兹这一建议。7 月 20 日，美军决定对吉尔伯特群岛的两个主要岛屿和瑙鲁岛进行登陆作战，作战计划代号为"电流"。

但是，中太平洋战区司令部的参谋人员们对于攻占瑙鲁岛有分歧：一方认为日军在瑙鲁岛上建有飞机场，而且距离塔拉瓦岛仅700千米，如果不夺取该岛，将会对塔拉瓦岛的作战产生负面影响；另一方以尼米兹和斯普鲁恩斯为代表，他们建议改为夺取塔拉瓦岛北面的马金岛，因为马金岛面积较小，投入一个团的兵力就足够了。因为他们认为瑙鲁岛海岸陡峭，适宜登陆的滩头比较狭窄，岛上又多天然洞穴，日军利用这样的地形构筑有坚固防御工事，加上

塔拉瓦海滩上，日军当年的岸防炮

塔拉瓦岛上已经朽烂的 M-4 坦克

瑙鲁岛面积也较大，夺取该岛至少需要一个整师，而当时美军兵力比较紧张，退一步说，即使能抽出一个师的部队，也没有足够的船只运送。不过，在制定具体作战计划时，他们对夺取吉尔伯特群岛的塔拉瓦岛和阿贝马马岛没有异议，因为上述两岛都已建有机场，对于以后作战具有很大价值。

美国参谋长联席会议进行了慎重考虑和比较后，最后决定以马金岛代替瑙鲁岛。9 月 27 日，他们正式下达命令，吉尔伯特群岛战役以塔拉瓦岛、阿贝马马岛和马金岛为作战目标。

美军首先战领了距离吉尔伯特群岛约 1260 千米的富纳富提岛，并在那里修建机场和舰船停泊场。他们早就开始有计划地进行前进基地建设，从萨摩亚群岛出发，沿图瓦卢群岛向吉尔伯特群岛逐步推进。

自1943年10月起，胡佛指挥的岸基航空兵和卡尔霍恩指挥的勤务船队先后进驻，使该岛成为美军在吉尔伯特群岛战役中最重要的前进补给基地和航空基地。接着，美军于9月占领了吉尔伯特群岛以东860千米处的贝克岛，并于9月中旬修完了一个战斗机机场。然后，他们又进占了塔拉瓦岛和富纳富提岛之间的纳诺梅阿群岛和努库费陶群岛，也在岛上修建了前进机场，10月下旬便可投入使用。此外，美军还在位于塔拉瓦岛和贝克岛之间的豪兰岛修建了供受损飞机紧急降落使用的简易机场。不难看出，美军的准备工作还是比较充分的。

日本联合舰队得知美军行动后，舰队司令古贺峰一亲率舰队到埃尼威托克，准备打击美军的基地。美军见实力相差悬殊，主动退走，古贺峰一才返回到特鲁克。

10月5日和6日，盟军第50特混舰队第3大队和第4大队由第3大队司令蒙哥马利统一指挥。盟军连续两天攻击威克岛，先后组织了6个攻击波，出动飞机738架次。盟军海军编队中的战列舰和巡洋舰还对威克岛进行了炮击，并炸坏了威克岛上绝大部分日本飞机，摧毁了威克岛上日军机场大部分设施。日军从马绍尔群岛抽出飞机进行增援，古贺峰一再次率领舰队前往马绍尔群岛。美军见势不妙，又迅速撤走。

　　11月1日和2日，因南太平洋即将发起布干维尔岛登陆作战，美军深感兵力不足，向中太平洋战区求助。尼米兹命令正在海上的第50特混舰队第3、第4大队前去配合作战。该部随即改为第38特混舰队，暂归南太平洋海军司令哈尔西指挥。哈尔西命令第38特混舰队空袭了布喀岛。

　　11月5日和11日，第38特混舰队进行了海上补给后，在岸基航空兵全力协同下，两次袭击了日军。在南太平洋最重要的海空基

日军在塔拉瓦岛架设的 500 瓦低频电台

美国"列克星敦"号航空母舰甲板上的飞行员正在了解气象等信息为袭击塔拉瓦岛做准备

地——拉包尔，美军采取以岸基航空兵掩护航空母舰舰队，航空母舰舰载机全力执行突击的战术，击沉日军1艘驱逐舰，击伤7艘巡洋舰和5艘驱逐舰。日军组织联合舰队的舰载机和岸基飞机共同出击，结果在空战中日军有35架飞机被击落。由于舰载机损失惨重，日军不得不将其航空母舰部队撤回本土，以补充飞机和飞行员。这样的形势大大有利于美军即将开始的吉尔伯特群岛作战，因为日军的水面舰艇部队失去了航空母舰部队的空中掩护，就无法远离岸基航空兵的航程半径活动，无形之中使吉尔伯特群岛的日军失去了海空支援。正因为如此，美军两次空袭布喀岛仅损失21架飞机。

美军快速航空母舰舰队积极活动的目的在于：除了压制日军在各岛屿的航空力量，进行战前航空侦察外，还通过这些行动积累飞行员的实战经验，因为很多舰员和舰载机飞行员都是新手，没有实战经验。随着大量航空母舰建成服役，美军此举既削弱了日军的力量，又锻炼了部队，一举两得。而日本联合舰队却被美军这一系列行动所迷惑，多次出动却毫无收获。

11月初，美军南太平洋部队发起了布干维尔岛登陆战，日本联合舰队立即南下迎战，结果遭到了沉重的打击，损失极为惨重。当美军在吉尔伯特群岛登陆时，日本联合舰队因元气大伤而无力组织反击。吉尔伯特群岛的日本守军除了自身力量外，支援兵力就只有马绍尔群岛的近百架飞机。而美军参战的地面部队有第27步兵师

和海军陆战队第 2 师，分别在夏威夷的毛伊岛、卡胡拉韦岛和新赫布里底的埃法特岛进行了临战前的登陆演习，士气处于旺盛状态。

美军北部登陆编队于 11 月 10 日从珍珠港出发，驶向吉尔伯特群岛。美军第 50 特混舰队的第 1 大队、第 2 大队也于同日离开珍珠港，向吉尔伯特群岛进发。南部登陆舰队于 11 月 13 日从埃法特岛出发，前往吉尔伯特群岛。

11 月 14 日，美军临时转归南太平洋的第 50 特混舰队第 3、第

塔拉瓦岛上曾经有 500 多个这样的日军碉堡，如今海风已经把它们吹得残破不堪

美国海军陆战队通讯兵在埃法特岛的丛林里进行演练

4大队在圣埃斯皮里图岛进行了补给后，先后出发北上归建参战。与此同时，为了压制日军航空兵，保障登陆舰队安全航渡，第57特混舰队即岸基航空兵部队对吉尔伯特群岛和马绍尔群岛的日军机场连续空袭了7天。

第50特混舰队的4个大队于11月18日陆续到达吉尔伯特群岛附近海域，第1大队在吉尔伯特群岛北面，负责拦截日军从马绍尔群岛南下的海空支援部队；第2大队在吉尔伯特群岛马金岛附近，负责夺取马金岛地区的制空权；第3大队在吉尔伯特群岛塔拉瓦岛附近，负责夺取塔拉瓦岛地区的制空权；第4大队在吉尔伯特群岛西面，负责阻截日军从瑙鲁岛的海空支援。

11月19日，美军第50特混舰队的舰载机大举出动，对马绍尔群岛、吉尔伯特群岛和瑙鲁岛进行了全面的航空火力打击。

★美国的登陆战准备

9月开始，美军开始为即将开始的登陆作战积极地做准备。

9月1日，鲍纳尔率领快速航空母舰舰队的3艘航空母舰、1艘战列舰、2艘巡洋舰和10艘驱逐舰袭击了南鸟岛，先后出动6个攻击波275架次，将南鸟岛上的日本飞机全部消灭，并破坏了岛上的机场跑道，烧毁了岛上日军储存的400桶航空汽油。此战，美军仅损失4架飞机。

9月18日、19日，鲍纳尔率部返回珍珠港后，又率领第50特混舰队第 1 大队的 3 艘航空母舰、2 艘战列舰和 6 艘驱逐舰，在岸基航空兵的"B-24"式重轰炸机协同下，对塔拉瓦岛和马金岛进行了空袭，击毁日军 9 架攻击机和 2 架水上飞机，迫使日军只在马金岛留下 4 架水上飞机，将其余飞机全部撤走。

日军在抗击美军空袭中消耗了大量弹药，结果因补给断绝而得不到补充，这是美军空袭的另一大收获。此外，在空袭中，美国飞机还对塔拉瓦岛和马金岛进行了系统的航空摄影，取得了大量有价值的照片，为制定登陆计划提供了可靠资料。

马金岛登陆战

吉尔伯特群岛最北端是马金岛。马金岛由 10 个岛礁组成，布塔里塔里岛是最大的岛礁。马金岛形状就像一个长柄铁锤，锤头部分长约 5.6 千米，锤柄部分长约 17.7 千米，锤柄筑有东西两道横穿岛礁的防坦克暗壕，把锤柄分割为东、中、西三部分，其中夹在防坦克暗壕中间的地段，长 2742 米，宽 366 米。

马金岛是日军防御工事集中的主要地区。日军在岛上建有宽 30 米、长 75 米的水上飞机滑行道作为水上飞机基地，还建有码头等舰船停泊设施。日军守军共约 690 人，其中工程兵 340 人，航空地勤人员 110 人，战斗部队仅 240 人，配备有 6 门 81 毫米迫击炮、3 门 75 毫米高射炮、6 门 37 毫米反坦克炮。

马金岛防御比塔拉瓦岛薄弱。美军虽然知道马金岛不是日军防守的重点，但比较重视马金岛登陆作战。这次登陆作战由第 5 两栖部队司令特纳亲自指挥。特纳考虑到马金岛距离马绍尔群岛最近，距米利岛仅 350 千米，距贾卢伊特岛也只有 460 千米，想使美军海上支援登陆的军舰尽快地撤离。因为他担心米利岛和贾卢伊特岛上的日军航空兵会来袭击。特纳要求部队速战速决，争取一天内结束战斗。

登陆开始，美国海军陆战队两栖装甲车向滩头发起冲击

　　担负登陆作战任务的是第 27 步兵师的第 165 团和第 105 团一个营，共约 6400 人。与日本守军相比，美军占有 9∶1 的绝对优势。可是，特纳仍不相信美国陆军的战斗力，还调来海军陆战队第 2 师一个团作为预备队。第 27 步兵师师长史密斯一心想把仗打好，为陆军争光，好让历来趾高气扬的海军陆战队看看，因而命令他手下参与登陆作战的部下全力以赴、志在必得。

　　美军登陆机舰队于 11 月 20 日凌晨驶抵马金岛附近海域。5 点

40 分，天刚蒙蒙亮，舰炮火力支援大队的战列舰正弹射校射飞机。到 6 点，6 艘满载登陆部队的运输舰到达距离马金岛西海岸 5000 余米处的海域，并开始组织部队换乘登陆艇和 LVT 两栖车。6 点 20 分，舰载机飞临马金岛上空，进行直接航空火力攻击。6 点 40 分，4 艘战列舰、4 艘巡洋舰和 6 艘驱逐舰组成的舰炮火力支援大队开始炮火轰击。马金岛完全被硝烟和烈火包围，日军没有任何还击。美军猛烈的炮击一直持续到 8 点 24 分。

8 点 13 分，美军由 32 辆 LVT 两栖车组成的第一波登陆部队排成一排，全速驶离出发线，沿着扫雷艇布设的浮标，向海滩急进。同时，美军舰载机对海滩上的日军阵地进行猛烈的低空扫射，掩护登陆部队抢滩。

8 点 32 分，美军第一波登陆部队到达马金岛西海岸代号“红滩”的登陆滩头。美军舰载机随即转而攻击日军的纵深防御工事，停止了对海滩日军阵地的扫射。不久，美军第二波、第三波相继到达，依次登陆，有两辆坦克随之上岸为步兵提供支援。第 27 步兵师的师属炮兵也在西海岸南部的乌基安冈角登陆，随即为部队提供炮火支援。由于日军在西海岸的防御非常薄弱，美军 10 点左右就已完全控制了登陆场。实际上，这里的美军只是佯攻，目的是将日军从主要防御区域吸引过来。

10 点左右，美军 1 艘扫雷舰、1 艘坦克登陆舰、1 艘船坞登陆舰和 1 艘登陆兵运输舰在 2 艘驱逐舰掩护下，缓缓驶入礁湖，准备

塔拉瓦岛珊瑚岛礁航拍图

　　在礁湖的内侧登陆。在 2 艘驱逐舰的舰炮火力掩护下，美军在礁湖水域完成了换乘。他们以 LVT 两栖车为第一波，装有坦克的机械化登陆艇为第二波，人员车辆登陆艇为第三波，在舰炮和舰载机火力支援下，先后向海滩冲去。登陆部队接近海滩时，遭到日军轻武器的密集射击。美军以 LVT 两栖车上的机枪反击，舰炮和舰载机也全力轰炸，很快就压制住了日军的火力。

　　10 点 45 分，第一波顺利抢滩上陆。第二波、第三波都因为登

一架恶妇式战斗机坠毁在"企业"号航空母舰飞行甲板上

陆工具的缘故而无法通过遍布珊瑚的浅水区。所运载的部队只好在距离海滩270米处下船，在齐腰深的海水中涉水上岸。整个登陆虽遭到了日军抵抗，但美军伤亡并不大，仅1人阵亡。

美军本来预计一旦西海岸佯攻开始，日军必会调动主力前去迎击。这样就可与随后在北海岸登陆的主攻部队形成夹击之势，消灭离开防御工事的日军主力。不料，日军却不为所动，将主力龟缩在两道防坦克暗壕之间的防御地带，基本没有出击，致使美军的如意算盘落空。不过，美军已在两个方向登陆成功，仍可以迅速向纵深推进，分割日军防御，尽快占领全岛。

在马金岛上，日军建有大量的机枪火力点和永备发射点，结果美军在推进过程中遭到了顽强抵抗。由于舰炮的精度不高，美军无法有效地摧毁日军的地下掩体。摧毁日军地下掩体唯一的办法就是使用坦克。但坦克手不愿接受步兵指挥官指挥，只肯接受远在其他地方的指挥官指挥。步兵第165团团长只好亲自前去和坦克兵商量，不料被日军狙击手打死。由于地面部队失去了指挥，美军更难以前进了。

天黑前，除了1艘巡洋舰和3艘驱逐舰外，美军其余的军舰都退出了礁湖。整个夜晚，马金岛上的美军不断遭受到日军渗透袭扰，惊恐不安，彻夜不得安宁。

11月21日，美军的夺岛战斗依然没起色。美军的空中支援由于敌我双方战线混杂，难以有效实施。有一次，"企业"号航空母

舰的舰载机投下的炸弹就落在美军头上，造成了 3 人死亡，多人受伤，使得美军推进更为缓慢。即使第 5 两栖军军长史霍兰·史密斯来到第 27 步兵师师部亲自督战，也无济于事。

11 月 22 日，战斗仍在继续。美军步步进逼，所占领地区逐渐扩大。入夜后，日军发动了大规模自杀式冲锋。他们先点燃爆竹，以吸引美军注意，再驱赶当地土著人在前面充当挡箭牌，冲向美军的战线。在混战中，日军死 50 余人，美军死 3 人，伤 25 人。最终，美军将日军的反击彻底粉碎。日军第一次也是最后一次有组织的反击结束，美军占领马金岛水到渠成。

11 月 23 日 13 点，第 27 步兵师师长史密斯宣布占领马金岛。

★美军在马金岛登陆中的拙劣表现

在马金岛登陆战中，美军地面部队阵亡 64 人，伤 152 人，伤亡并不大，但在没遇到日军激烈抵抗的情况下，依然打了 3 天，因而整个作战过程显得拖泥带水，毫无生气，虽胜无光。加上"科利斯姆湾"号护航航空母舰 11 月 24 日凌晨在马金岛海域被日军"伊－175"号潜艇击沉，包括航空火力支援大队大队长马林·尼克斯在内约 650 名舰员阵亡，以及"密西西比"号战列舰在舰炮准备时炮塔爆炸所导致的伤亡，美军死 757 人、伤 171 人，伤亡总数大大超过了日军。

日军在马金岛守军阵亡 585 人，被俘 105 人，被俘人员中有

104 人是朝鲜籍工程兵，只有 1 人属于战斗部队。

　　美军表现拙劣主要是因为指挥不力，战术失当。由于参战的第 27 步兵师长期担任守备任务，这是首次参加实战，该师还按照一战时的战术，在炮火掩护下逐步推进，一旦遭遇阻击就停止不前，直到炮火将阻击之敌彻底压制才继续前进。因此美军虽具有 9：1 的绝对优势，却没能够一举将日军消灭，反而先是畏手畏尾，坐失良机，再是风声鹤唳，草木皆兵，足足花了 3 天才将日军防守薄弱的马金岛占领，与塔拉瓦岛的海军陆战队相比，简直是天壤之别。

攻克"铜墙铁壁"

吉尔伯特群岛由 16 个珊瑚岛礁组成，位于东经 173°–175°，马绍尔群岛东南、所罗门群岛东北，横跨赤道，处在美国和澳大利亚的海上交通线中间。陆地总面积约 430 平方千米，这些岛因为土壤贫瘠，加上雨水和海水的冲刷，几乎没有什么植被。但珊瑚砂质的地质地形平坦，几乎每个岛屿都适宜建设机场。

吉尔伯特群岛原为英国殖民地，日军于 1941 年 12 月占领了该群岛的主要岛屿，并在塔拉瓦岛修建机场，在马金岛建立了水上飞机基地。起先，该岛上的守备部队不多，因为日军对于吉尔伯特群岛并不重视。直到 1942 年 8 月，美军曾以潜艇运送一支小分队袭击马金岛，这才引起日军警觉。随即，日军开始向该群岛调集人员和物资，大力修建机场和防御工事。

日军第 4 舰队第 3 巡防区司令柴崎惠次于 1943 年 7 月受命上岛，负责统一指挥该群岛防务。柴崎惠次以塔拉瓦岛和马金岛为重点组织防御，一面加紧构筑防御工事，一面加强部队的作战训练，使守备部队的抗登陆作战能力得到了显著提高。

柴崎惠次曾经夸口，就是用 100 万人花 100 年也攻不下塔拉瓦。的确，包括工程兵部队，日军在塔拉瓦岛的守备部队达到 4600 人，

日军在比托岛西南角进行操炮训练

其中海军陆战队精锐是松尾敬公的第 6 横须贺陆战队和菅井武男的
第 7 佐世保陆战队，是日本海军的主力，战斗力很强。这些日军配
备了 4 门 203 毫米火炮、9 门 140 毫米火炮、6 门 81 毫米火炮、4
门 127 毫米高射炮、8 门 75 毫米高射炮、12 门 75 毫米山炮、14 辆
坦克。由于岛屿面积狭小，柴崎惠次采取滩头防御，在海滩上布置
了混凝土三角锥障碍物、带刺铁丝网和木制栅栏，防御工事用椰子
树木和珊瑚砂覆盖，有的则用混凝土和钢板加固。所有火炮掩体均
用钢板和厚珊瑚砂石覆盖，只有以 406 毫米重炮发射延时引信炮弹
直接命中才能摧毁。全岛工事形成了完备的防御体系，经过长达 15

塔拉瓦的滩头遍布受损被遗弃的 LVT-2 两栖装甲车

个月的施工，其坚固程度完全可以用铜墙铁壁来形容。

尽管日军地面防御工事完备，但海空力量几乎没有。整个群岛上的日军没有一艘军舰，航空兵只有 1 架战斗机和 4 架水上飞机，其中唯一的零式战斗机也因缺乏零部件而无法起飞。

美军参战部队为斯普鲁恩指挥的第 5 舰队。美军投入作战的各种舰船约 230 艘，包括 11 艘航空母舰、18 艘护航航空母舰、13 艘战列舰、14 艘巡洋舰、58 艘驱逐舰、50 余艘大型登陆舰船。投入约 1300 架作战飞机，其中包括 920 架舰载机，岸基飞机中的约 100 架 B-24 式"解放者"重轰炸机。

1943 年 8 月，美国参谋长联席会议将海军陆战队第 2 师和陆军第 27 步兵师调归第 5 舰队，用于登陆吉尔伯特群岛作战。此外，它还将两个海军陆战队守备营和一陆军守备营共 7600 人调归第 5 舰队，准备担负被攻占岛屿的守备任务。上述地面作战部队编为第 5 两栖军，分别集结于夏威夷、新西兰、萨摩亚和埃利斯等地，由霍兰·史密斯任军长。

为了攻克塔拉瓦岛，美军开始了战前准备工作。他们先通过在吉尔伯特群岛居住过的英国人了解塔拉瓦岛的水文、潮汐、地形等情况。9 月 25 日，从珍珠港出发的"舡鱼"号潜艇到达吉尔伯特群岛。美军利用在潜望镜上安装的照相机对塔拉瓦岛、马金岛和阿贝马马岛进行了照相侦察，将三个岛屿的海岸线完整拍摄下来，并实地勘察了接近岛屿的航道，修正了旧海图上的不正确之处。

通过航空侦察，美军发现日军塔拉瓦岛的防御重点在堡礁外侧，决定派遣舰队直接驶入礁湖，然后从堡礁内侧实施登陆。但是塔拉瓦岛上无规则的潮汐、遍地的珊瑚礁是实施登陆的最大困难，因为登陆艇只能在大潮时靠岸。直到 1944 年春季，塔拉瓦岛上的潮汐都出现在夜间或黄昏，而美军夜间登陆无法得到舰炮和飞机支援，黄昏登陆又没有足够时间在夜幕降临前巩固滩头。可是，如果等到 1944 年春季，日军的防御将更加坚固，美军登陆时的伤亡也会更大。

经海军作战部长批准，尼米兹最后决定，将原定在 1943 年 11 月 19 日登陆推迟到 20 日早晨小潮时刻登陆。由于美军不知道小潮高峰的确切时间，尼米兹便将登陆时间定在 8 点 30 分。

要征服像塔拉瓦岛这样复杂水文条件和坚固设防的岛屿，美军是第一次。美军尽管在瓜达尔卡纳尔群岛和所罗门群岛取得了很多实战经验，但在装备和训练等诸方面还存在极大缺陷。

装备上，美军没有登陆战专用的指挥舰，只能用"马里兰"号旧战列舰凑数。登陆作战时，美军能越过珊瑚，并将人员物资送上岸的装备就是履带登陆车，即 LVT 两栖车。其中，LVT-1 两栖车不仅数量少，而且装甲薄，速度慢，又没有武器装备。而 LVT-2 两栖车性能虽比 LVT-1 有提高，但数量更少，驾驶员也没完全掌握操纵技术。单兵使用的肩负式电台，体积大，又不防水，难以适应艰巨的登陆战斗。登陆艇也没安装火箭炮，无法在登陆艇突击抢滩时提

比托岛西南角经过伪装的日军 203 毫米岸炮

供不间断的伴随火力支援。

训练上，海军没有进行过舰炮摧毁点状目标精确射击训练。舰载机飞行员缺乏对地攻击训练，只进行过攻击军舰训练，地面作战部队中的海军陆战队第 2 师虽然在瓜岛战役中表现不凡，但在新西兰长达 7 个月的休整中，主要进行的是丛林战训练，并没有进行过岛屿两栖登陆训练。陆军的第 27 步兵师更是着重于陆军的常规训练，也没有与海军陆战队的战术相融合。不仅如此，参战部队集结地区北起夏威夷，南到新西兰，距离遥远，没有举行过全程协同演练，无论地面部队中的陆军和海军陆战队，还是陆、海、空三军的协同都不够默契。

1943年11月1日，美国舰队从新西兰惠灵顿启程，但绝大多数人都不知道目的地。11月13日，美国舰队到达新赫布里底的埃法岛，在那里进行登陆演习。直到此时，美军官兵们才知道作战的目标是塔拉瓦岛，但大多数人对这个岛屿一无所知。

11月16日，美军到达富纳富提岛，加油补给后继续向塔拉瓦岛出发。

11月18日，负责夺取塔拉瓦岛海域制空权的第50特混舰队第3大队开始对塔拉瓦岛实施航空火力攻击。在两天的猛烈空袭中，第50特混舰队第3大队击毁了日军2门203毫米火炮和3辆坦克，

"马里兰"号战列舰

并使日军防御工事遭受到了一定程度的破坏。

美军登陆舰队于 11 月 19 日 15 点到达塔拉瓦岛东南海域。南部登陆舰队司令希尔召集随军记者举行记者招待会，希尔声称将要把塔拉瓦岛从地图上一举抹掉，言下之意登陆部队遭遇的抵抗将会很微弱。因为他十分信任舰炮和舰载机的火力，表示登陆将会像度假的游客漫步海滩一样轻松。日落前，南部登陆舰队所有军舰在塔拉瓦岛东南海域集合完毕，一起向登陆地域进发。

11 月 20 日凌晨，海军陆战队第 2 师吃过新西兰牛排鸡蛋——他们传统的出征早餐，随后检查装备出战。

4 点，各登陆运输舰开始放下小型登陆工具。5 点 05 分，"马里兰"号战列舰弹射舰载校射飞机。虽然"米德"号驱逐舰施放了烟雾进行掩护，但弹射起飞的火光还是被日军发现。日军立即发动海岸炮射击。希尔马上下令反击。于是，美军 3 艘战列舰、4 艘巡洋舰和 9 艘驱逐舰的主炮齐射。猛烈的炮火将小小的比托岛几乎全部笼罩住。但日军的海岸炮还在不断射击，而且越来越精准。希尔只得指挥军舰转移阵位，以便进行反炮火射击。

5 点 45 分，不知什么原因，舰载机并没按计划准时飞来。由于旗舰"马里兰"号战列舰的通信设备在进行两次主炮齐射后就失灵了，希尔也就无法询问和催促航空火力支援大队。

6 点 15 分，美军从 3 艘航空母舰上起飞的舰载机终于来到了。可是，舰载机对地攻击只进行短短 7 分钟就匆匆结束了。因为比托

岛上已浓烟滚滚，烈火熊熊——美军进行舰炮射击时使用的都是爆破弹，将岛上炸得尘土飞扬，遮天蔽日，飞行员根本看不清地面目标，加上舰炮火力相当密集，在这种情况下，飞机进行低空精确攻击十分危险。

舰炮火力攻击继续进行，美军在两个多小时的舰炮攻击中，共发射了3000多发炮弹。小小的比托岛几乎每平方米都承受了一吨炮弹，似乎一切都被火光吞没了。在猛烈的炮火轰击下，岛上似乎不可能再有生物存活，但美军大大高估了炮击效果，日军大多数工事特别是火炮掩体都深埋在地下，只有用大口径火炮使用延时引信炮弹才能将其摧毁。美军缺乏对岸上点状目标射击的经验，速度太快，以致炮弹爆炸的烟雾遮掩了目标，看着虽然烈焰浓烟，但实际效果并不理想。如此大规模火力攻击的唯一成效就是将日军的通信线路全部炸断，使其指挥部与各部队之间的联系全部中断。

在实施舰炮攻击的同时，美军"追踪"号扫雷舰和"必需"号扫雷舰清扫并标示出了安全进入礁湖的航道，并引导"林哥德"号驱逐舰和"达希尔"号驱逐舰驶入礁湖进行近距离射击。接着，"阿希兰"号船坞登陆舰也跟着驶入了礁湖。

6点19分，希尔见日军海岸炮仍在射击，并对进入礁湖的船坞登陆舰构成了极大威胁，便命令登陆舰退到日军海岸炮射程之外待命。

海军陆战队第2师前三个登陆波全是由新型的LVT-2两栖车

LVT-2 两栖车

组成，分别是 48 辆、24 辆和 21 辆，于 7 点 7 分完成换乘，LVT-2
两栖车必须先到达距出发线 6400 米处的集合区，整顿队形后再以 6
分钟的间隔向 5500 米外代号为"红一""红二"和"红三"的三个
滩头冲击。其中，登陆总指挥是陆战 2 团团长肖普。在"红一"滩
头登陆的是陆战 2 团第 3 营，营长是金特尔；"红二"滩头登陆的是
陆战 2 团第 2 营，营长是艾米；"红三"滩头登陆的是陆战 8 团第 2
营，营长是劳克。

　　由于负责标示航道的"追踪"号扫雷舰在作业时与日军海岸炮
进行了炮战，所以标定出的航道稍稍偏西，加大了 LVT-2 两栖车到
达集合区的距离。而 LVT-2 两栖车驾驶员都是新手，由于训练不充
分，对两栖车性能还不能熟练掌握，因此 LVT-2 两栖车的航行速度
比预定计划要慢许多。加上当时礁湖里正刮着强劲的西风，LVT-2

两栖车的行动变得更加困难。直到8点25分，两栖车比计划整整晚了40分钟才到达出发线。希尔眼看无法按计划于8点30分登陆，便将预定登陆时间从8点30分推迟到8点45分，后又再推迟到9点。因此美军舰炮曾于8点35分向纵深延伸射击，后又重新轰击海滩。8点55分，美军舰炮再次纵向延伸射击，而此时LVT-2两栖车仍在礁湖的风浪中苦苦挣扎着。

一架侦察联络飞机发现两栖车无法在9点突击抢滩，便向旗舰"马里兰"号战列舰报告。可是"马里兰"号战列舰没收到这一重要报告，因为它的通信设备已经失灵，致使一切仍在按照9点登陆的计划实施。9点，美军舰载机飞临滩头，实施航空火力掩护。因为地面上烟雾弥漫，飞行员无法看清目标，对地攻击效果极差，日军很多工事都安然无恙。当美军飞机结束攻击飞走时，因为美军舰炮火力已向纵深延伸，滩头上出现了长达23分钟的火力间歇。

趁这机会，日军从隐蔽部进入防御工事，准备好了狙击美军登陆部队。结果美军LVT-2两栖车在接近滩头时遭到了日军迎头痛击。大多数两栖车中弹，失去机动能力，只有少数得以上岸，海滩上到处是燃烧的两栖车和死伤的士兵，鲜血已将海水染成了红色。

在"红二"滩，2营营长艾米高喊："跟我来！我们要占领海滩！"话音未落，他就被日军的子弹击中，一头倒在海滩上，再也没站起来。好不容易冲上岸的陆战队员都被日军密集的火力压制在海滩的大堤下，根本无法前进。

第四波、第五波是载有登陆兵、坦克和火炮的机械化登陆艇和车辆人员登陆艇，由于吃水比两栖车深，当时又正值退潮，无法越过珊瑚礁。考虑到海滩上急需支援，它们便将所运载的 M-4 谢尔曼式坦克放下水进行涉渡。结果，有的坦克因为发动机进水而失灵，只有 7 辆坦克驶上海滩，其中 3 辆因滩头上到处是伤员而无法行动，有 3 辆被日军炮火和地雷击毁，还有 1 辆陷在弹坑里不能动弹。

一辆谢尔曼坦克刚投入战斗就被日军击毁失去了战斗力

塔拉瓦岛上曾经疯狂地向美军开火的日军维克斯大炮

运载的登陆兵由前三个登陆波的两栖车返回来接运到浅水区，然后要迎着日军的枪林弹雨通过700米齐胸深的浅水区才能登陆上岸，其艰难程度可想而知。由于前三个波次的两栖车所剩不多，大部分人还滞留在珊瑚礁上。运载火炮的登陆艇无法卸载，只得后撤，等待涨潮。

在海滩上，陆战2团团长肖普拼命寻找能用的电台，以与后方取得联系。他原为海军陆战队第2师的作战科长，刚在一星期前接替在演习中受伤的2团原团长。由于他参与了制定塔拉瓦岛的登陆计划，对塔拉瓦岛的地形、防御等情况都非常熟悉，这对于陆战2团，倒是不幸中的万幸。

10点30分，肖普终于找到了一部能用的电台，立即命令团预备队第1营从"红一"滩上岸。但他与希尔以及海军陆战队第2师师长史密斯取得联系已经是中午以后的事了。他立即报告了极其严重的形势，表示他急需援助。此时，登陆的美军只占领了纵深数米的滩头，且伤亡已经超过20%。

通过侦察飞机，希尔早已知道海滩上情况不妙，接到肖普的报告更大为震惊，一面命令舰炮继续猛烈射击，为海滩上的部队提供炮火掩护，一面投入师预备队，同时向第5两栖部队司令特纳报告，请求调总预备队来增援。

满载后续部队和重武器的登陆艇大部分被卡在珊瑚礁上，动弹不得，其余的只好在珊瑚礁外水域等待涨潮。海滩上的部队死

伤无数，被日军的火力压得无法前进，所剩无几的两栖车来回奔波，运上补给，撤下伤员。此时，塔拉瓦之战几乎已经到了失败边缘。

就在关键时刻，海军陆战队第2师充分发扬了海军陆战队所特有的顽强不屈的战斗意志和坚忍不拔的战斗作风。尽管伤亡惨重，尽管建制已被打乱，尽管指挥员死伤大半，但下级军官、士兵主动组织起来，拼死冲锋。

在"红三"滩，霍金斯率领34名战士，用炸药包、刺刀、铁锹，一步一步地向前推进了300米，将滩头东侧的一段长堤占领，占领了能展开炮兵的一块地方。炮兵立即将75毫米榴弹炮拆开，再把一块块部件运上滩头组装起来，然后为部队提供炮火支援。

在战斗中，霍金斯壮烈牺牲，为表彰他的英勇战绩，后来美军将比托岛的机场命名为霍金斯机场。肖普将团指挥部设在刚夺取的日军防空洞里。他深知连接"红二"滩和"红三"滩之间栈桥的重要性，接连组织了5次攻击。最终在32架舰载机大力支援下，美军夺取了栈桥。

美国海军和空军竭尽全力为登陆部队提供支援。4艘驱逐舰始终停在礁湖里，随时根据登陆的召唤进行舰炮支援。航空母舰上的舰载机也不时出动，提供航空火力支援，在日落之前先后进行了32次攻击，其中规模最大的一次就出动80架次飞机。

经过殊死激战，直到日落时分，美军有5000人上岸，但伤亡也超过了 1500 人。他们在海滩西部占领了正面 140 米、纵深 450 米的登陆场，东部则控制了正面 600 米、纵深 270 米的滩头，但情况依然很危急。肖普只得命令就地构筑工事，让一半人警戒，一半人休息。

入夜，经过一天的血战，美军已经精疲力竭，弹药、饮水所剩无几。一旦日军发动大规模反击，后果将难以预料。庆幸的是，日军只发动了一些小规模袭击和侵扰，均被美军轻易地击退。原来，

被日军火力压制在滩头上的陆战队员

美军猛烈的炮火轰击虽没摧毁日军深埋在地下的工事，却将其通信系统彻底破坏了。加上天黑后，美军不间断地扰乱射击，使日军无法恢复通信，因而柴崎惠次无法组织起大规模反击。

经过一夜补充，美军于 11 月 21 日全力向前推进，扩大登陆场。午后，期盼已久的高潮终于到来了。重武器和坦克在"红一"滩和"红三"滩上岸。总预备队的陆战 6 团的两个营则在比托岛西侧新开辟的登陆点代号为"绿滩"的海滩登陆，并消灭了日军对美军军舰威胁最大的 203 毫米海岸炮。美军的巡洋舰、驱逐舰驶入礁湖。在岸上火力控制组的指挥下，他们以越来越准确和猛烈的炮火掩护地面部队推进。陆战 6 团的另一个营则占领了比托岛以东的拜里仓岛礁，并在该岛设立了 105 毫米火炮阵地，以猛烈炮火支援着比托岛上的战斗。

战斗进行至此，美军终于扭转了登陆初期的不利，开始占据上风。

日军仍然在负隅顽抗，战斗的惨烈难以用语言形容。在如此激烈的鏖战中，海军陆战队第 2 师充分体现了精锐之师的风采。很多时候，士兵们都是自己组成战斗小组，用火焰喷射器和炸药包一个一个地解决日军火力点，其勇敢顽强的精神可歌可泣。至日落前，已有美军部队推进到比托岛南岸。

日军在美军猛烈火力的攻击下死伤惨重，隐蔽部和工事里到处是尸体和伤员，柴崎惠次被迫将指挥部从所在坑道改为临时救护所。他率领指挥部成员向附近坑道转移时被美军炮火击毙。

傍晚时分，海军陆战队第 2 师参谋长埃德森上岛，统一指挥岛上所有部队作战，肖普则指挥陆战 2 团作战。

而由于柴崎惠次阵亡，日军方面失去了统一的指挥，因而当晚没发动大规模夜间反击，使岛上的美军又度过了一个相对平静的夜晚。

11 月 22 日，美军以滩头为基点，陆战 8 团 1 营向西，陆战 2 团 3 营和陆战 6 团 3 营向东，对残余日军实施夹击。陆战 8 团的 2 营和 3 营则向中部的机场发动突击。塔拉瓦岛的胜负已成定局，但日军仍然在继续抵抗。美军在栈桥东侧三角形阵地所遭到的抵抗尤为激烈。美军炮火对该阵地实施了足足 3 个小时的连续轰击，但步兵冲锋时仍遭到了日军疯狂扫射。最后，美军以机枪和迫击炮掩护两辆装甲推土机将日军坑道彻底毁掉才结束了战斗。虽然拼死顽抗给美军造成了巨大伤亡，但在美军顽强攻击和猛烈火力打击下，日军也弹尽粮绝，很多士兵体力和精神已经达到极限，不少人因无法忍受这样的痛苦而自杀。

黄昏，海军陆战队第 2 师师长史密斯上岛，在滩头开设了师指挥所。

11 月 23 日凌晨，被压缩在岛东部狭长地带的日军残部连续发动了 3 次大规模的自杀性冲锋。这种冲锋尽管对战局已毫无作用，却给美军造成了巨大人员伤亡和心理恐慌。5 时许，日军的自杀性

冲锋终告平息。中午过后，美军突破了日军的最后阵地，将守军全部歼灭。

海军陆战队第 2 师师长史密斯于 13 点 12 分宣布占领比托岛。美军官兵从隐蔽处走了出来，大家欢呼胜利，然而比托岛实在太小了，根本无法容纳下海军陆战队第 2 师的全部人员。

这一战，日军守备部队 4000 余人中，除 146 人被俘外，其余全部战死，被俘人员中 129 人是朝鲜籍工程兵。美军 1013 人失踪、

作战结束之后的贝蒂奥 2 号 "红滩"

塔拉瓦海滩上的 LVT 残骸

阵亡，2072 人受伤，其中海军陆战队 984 人阵亡，2001 人受伤。

11 月 24 日，美军以巨大代价攻占比托岛后，又占领了比托岛东面的埃塔岛。29 日，美军又在阿布里基岛登陆，消灭了岛上 160 名日军，并占领了该岛。至此，美军控制了塔拉瓦全部的岛礁。

在同一天内，第 5 两栖军军长霍兰·史密斯登上比托岛。面对刚刚经受过残酷战火洗礼的景象，这位久经战阵的将军大为震惊，说：“我想象不出他们是如何攻占这个岛屿的，这是我见到过的防御最完备的岛屿！”

结束战斗的士兵们，个个面容憔悴，两眼无光，看上去比他们的父辈还要苍老。经历了如此严酷的战斗，他们都不敢相信自己还活着，脸上只有劫后余生的幸运，却没有一丝笑容。随后，史密斯命人在两棵被炮火炸秃的椰树上升起了英国米字旗和美国星条旗，因为吉尔伯特群岛战前是英国的殖民地。

美军计划在吉尔伯特群岛登陆的第三个环礁是阿贝马马岛。阿贝马马岛位于塔拉瓦岛东南约 140 千米，1942 年被日军占领。日军原计划在阿贝马马岛修建机场，后因所罗门群岛战事紧张而暂停。此时阿贝马马岛只设有观察通讯站，守备部队仅 25 人。

美军计划先用"舡鱼"号潜艇搭载海军陆战队一个分队，对阿贝马马岛实施侦察，等占领马金岛和塔拉瓦岛之后，再组织兵力进行登陆。

11 月 18 日，"舡鱼"号潜艇到达塔拉瓦岛海域，将阿贝马马岛的天气、海浪以及近日美军火力攻击的效果和日军的动态向南部登陆舰队司令希尔报告。

11 月 19 日，"舡鱼"号潜艇遇到了意外的麻烦——潜艇在航行途中遭到己方"林哥德"号驱逐舰误击，一发 127 毫米炮弹穿过指挥台的基座将吸气阀击毁，万幸的是，炮弹没有爆炸，才没有造成更大损失。艇长迅速组织抢修，将炮弹取下，并修复了吸气阀，继续向目的地航行。

11 月 20 日午夜，"舡鱼"号潜艇到达阿贝马马岛以南肯纳岛海域。它放下 6 艘马达驱动的橡皮艇，运送 68 名陆战队员和携带轻

美国"魟鱼"号潜艇

武器与 15 天补给品的 10 名工兵上岛侦察。

11 月 21 日，陆战队员从肯纳岛西部登陆，先向东再向北展开侦察搜索。11 月 22 日，上岛的美军发现日军兵力薄弱，立即在潜艇炮火支援下发起攻击，却遭到了日军拼死抵抗，双方相持不下。美军经 4 天战斗，于 25 日才全歼守敌，美军仅阵亡 1 人。

11 月 26 日，美军海军陆战队第 2 师 6 团第 3 营被送上阿贝马马岛，开始担负守备任务。11 月 27 日，工程兵部队上岛修建码头和机场，以便尽快为下一步进攻马绍尔群岛建立航空兵前进基地。

★胜利的摇篮——塔拉瓦岛战斗

1943 年 11 月 27 日，尼米兹亲临塔拉瓦岛视察，并为有功的将士授勋。这位身经百战的将军感慨地说："我从未见到过如此狰狞的战场！"

因为当时大量的死尸还来不及掩埋，空气中弥漫着尸体的恶臭，面对弹痕累累、尸横遍野的战场，尼米兹发现这场血战的激烈程度毫不亚于第一次世界大战中有着"绞肉机"之称的凡尔登战役。尼米兹见到有很多日军的工事还没被猛烈炮火所摧毁，便命令太平洋舰队立即组织有关人员前来研究分析，从中总结经验教训。

之后，特纳于 11 月 30 日向尼米兹提交了题为《塔拉瓦的教训》的报告，在其中陈述了一系列经验：对于坚固设防的岛屿，光凭几小时的海空火力攻击是远远不够的。有条件的话，应先夺取附近小岛，配置地面火炮进行炮火支援。对于有珊瑚障碍的岛屿，必须准备足够数量的两栖车或吃水较浅的登陆艇。在登陆部队抢滩上陆的时候，海军必须实施抵近射击，以进行有效的火力掩护，为保障作战指挥的顺利实施，必须建造专用的登陆指挥舰等。

不久，根据尼米兹的指示，美军在夏威夷的卡胡拉瓦岛完全按照比托岛的情况修建了完备的防御工事，然后组织军舰进行射击，终于发现要摧毁这样坚固的工事，只有慢速精确射击，并发射大口径延时引信炮弹才能奏效。

尽管由于美军在塔拉瓦岛战役中伤亡巨大，使太平洋舰队招致

被美国舰载机炸毁的日本飞机

了很多批评，但无可否认，通过塔拉瓦岛之战美军所获取的经验，对于以后的登陆战具有极其重要的价值和意义。正如尼米兹所说，即使不在塔拉瓦岛取得上述经验，也不免要用同样甚至更大的代价，在其他地方去获取。因此，塔拉瓦岛战斗被美国海军战史学家莫里逊形象地誉为"胜利的摇篮"。

"燧发枪" 战役

马绍尔群岛位于东经 162°−173°，北纬 5°−12° 之间的广阔海域，东北是威克岛和夏威夷群岛，西有加罗林群岛和马里亚纳群岛，南面是吉尔伯特群岛。马绍尔群岛海区面积达 127.5 万平方千米，陆地面积约 190 平方千米，由 32 个环礁组成，这些环礁岛屿由西北向东南呈并列两排形状，主要环礁有夸贾林、埃尼威托克、马朱罗、米利、马洛拉普、沃特杰、贾卢伊特和比基尼，最大环礁是位于群岛西侧的夸贾林。

美军攻占吉尔伯特群岛之后，在中太平洋下一步攻击目标毫无疑问就是马绍尔群岛。实际上，在美军战略进攻计划中，原来准备第一步就夺取马绍尔群岛，只因为对马绍尔群岛的日军布防情况不了解，而且缺乏进攻的海空基地，才改为以吉尔伯特群岛作为第一攻击目标。吉尔伯特群岛被美军占领后，就成为美军进攻马绍尔群岛理想的海空基地。因此美军进攻马绍尔群岛就被提上了议事日程。

早在 1943 年 7 月 20 日，美国参谋长联席会议就向中太平洋战区兼太平洋舰队总司令尼米兹发出了进攻马绍尔群岛的指令。鉴于马绍尔群岛有 32 个环礁，首先攻击哪个环礁比较有利便成为首要问题。尼米兹及其参谋人员经过反复仔细研究，在 1943 年 8 月决定，先夺取夸贾林、沃特杰和马洛拉普 3 个环礁。因为夸贾林是日军在马绍尔群岛指挥部所在地，是日军的指挥中枢，而其他两个环礁距离夏威夷群岛距离最近，对美军的海上交通线威胁很大，必须首先予以攻占。

尼米兹随即将此计划上报。参谋长联席会议认为，该方案所要攻击的地区过于狭小，于 9 月上旬批示，除攻击马绍尔群岛的 3 个环礁外，还应攻占威克岛、库赛埃岛、波纳佩岛和包括特鲁克在内

美军在分析情报

的加罗林群岛。尼米兹和其参谋人员均认为这一要求过于好高骛远，按照美军目前的实力，根本无法实现。10 月中旬，尼米兹仍然按照 8 月上报的方案组织有关人员开始制定作战计划。

1943 年 11 月下旬，吉尔伯特群岛战役结束后，第 5 舰队的部分将领也根据刚结束的战役情况对作战计划进行慎重的研究。第 5 舰队司令斯普鲁恩斯和第 5 两栖部队司令特纳认为同时进攻 3 个环礁，运送地面部队的登陆船只和火力支援舰只都不够。第 5 两栖军军长史密斯也认为，如果同时对这 3 个环礁实施登陆，目前的地面部队是远远不够的。

经过反复协商和讨论，最终美军下了决定：第一步先夺取沃特杰和马洛拉普环礁，第二步再攻占夸贾林，以解决兵力和船只不足问题。

就在紧张制定计划时，美国参谋长联席会议又决定马绍尔群岛战役结束后，太平洋舰队的快速航空母舰编队必须前往南太平洋支援那里的登陆作战。因此，尼米兹不得不重新考虑作战计划。

12 月起，从吉尔伯特群岛起飞的美军 B-24 式轰炸机几乎每天都前往马绍尔群岛进行轰炸或侦察。通过这些空中侦察，美军发现日军在夸贾林环礁南北两个岛屿上都建有机场，而且最近正将夸贾林岛的部队调到外围岛屿。夸贾林环礁的礁湖是一个很理想的深水锚地。尼米兹凭借过人的军事素养和直觉，意识到了夸贾林的巨大价值，况且日军正在削弱其防御，这正是个绝佳的进攻机会。他与新任航空母舰舰队司令米切尔研究后，认为完全可以用航空母舰舰载机和岸基飞机将日军附近机场的航空兵压制住。他们果断地决定，首先在夸贾林实施登陆，来个单刀直入，中心开花。

斯普鲁恩斯、特纳和史密斯对这一计划都深感震惊。他们担心进攻夸贾林时会遭到日军从外围岛屿机场起飞的飞机围攻，一旦因伤亡过大或进展缓慢，日本联合舰队再出动的话，美军就会陷入极其被动的局面。退一步说，美军即使能迅速攻占夸贾林，快速将航空母舰舰队撤走后，夸贾林将成为日军航空兵集中攻击的目标，海上交通线也会受到日军的严重威胁。所以，他们竭力说服尼米兹先

美军在第二次世界大战期间使用的 B-24 式轰炸机绘画

打沃特杰和马洛拉普环礁，但尼米兹的决心毫不动摇。

无奈之下，斯普鲁恩斯只得建议在攻击夸贾林之前，先夺取马绍尔群岛东部的马朱罗，以取得进攻夸贾林的前进基地。尼米兹见马朱罗有礁湖可作为舰队停泊的锚地，岛上地势平坦又可建造机场，岸基航空兵一旦进驻，既可以支援对夸贾林的作战，又可以有效掩护联系夸贾林的海上交通线，是个十分理想的跳板，因此同意了这一建议。

1944年1月中旬，尼米兹下达了进攻马绍尔群岛的作战命令。

从左至右：尼米兹、金、斯普鲁恩斯

这次作战将分为四步：

第一步，占领马朱罗，以取得前进补给基地和航空基地；

第二步，夺取夸贾林；

第三步，攻取埃尼威托克环礁；

最后一步，夺取马绍尔群岛中除米利、沃特杰、马洛拉普和贾卢伊特 4 个环礁以外的其余环礁岛屿，而将这 4 个环礁封锁起来，围而不攻。

此次战役代号叫作"银行日息"，后改为"燧发枪"。

尼米兹敢于坚持先进攻夸贾林并不是没有原因的。一方面，他根据马绍尔群岛在日军整体战略防御中所处的地位，判定日本联合舰队不会前来迎战，可以放手夺取夸贾林；另一方面，美军已经从塔拉瓦登陆战中吸取了很多经验教训，在装备和训练上大大改进，他完全相信美军的实力可以迅速攻占夸贾林，达到战役目的。

事实也正如尼米兹所判断的，日本联合舰队在整个战役期间根本没有出海迎战。而美军在装备上和训练上做出了很大改进。美军最高统帅部见到因为两栖履带车数量不足而导致部队蒙受了巨大伤亡，同意了海军的请求，下令优先生产两栖车，并将月产量提高到 500 辆，至 1944 年 6 月，月产量更是达到了 1000 辆。不仅如此，新型的 LVT 两栖车的性能也大为提高，彻底克服了履带容易脱落的问题。LVT-2A1 型为火力支援型，安装有一门 37 毫米火炮和一挺 7.62 毫米并列机枪；LVT-2A2 型为人员运输型，装甲厚度已经达

从登陆艇上开下来的美军两栖战车

到 6 毫米，能为车上人员提供可靠的防护，并且加装了 12.7 毫米和 7.62 毫米机枪各一挺。美军还在所有登陆舰和部分登陆艇上安装多管火箭炮，改装成火力支援舰艇，以便在突击抢滩过程中提供不间断的火力支援。

美国海军为登陆战量身定做的两艘专用指挥舰"落基山"号指挥舰和"阿巴拉齐亚山"号指挥舰已建成服役，还有两艘 4 万吨级的新型快速战列舰"依阿华"号战列舰和"新泽西"号战列舰也加入了太平洋舰队，大大提高了太平洋舰队的实力。新型单兵电台也研制成功，并已开始在部队中使用，这种电台体积小重量轻，同时具有防水性能，非常适合登陆部队使用。海军航空兵的工程师对复仇者式鱼雷机进行了改装，使其能携带对地攻击的 1000 千克重磅炸弹和集束炸弹，给 F4U 海盗式战斗机和恶妇式战斗机安装火箭发射器，大大提高了对地攻击的能力。

在夏威夷群岛的卡胡拉韦岛上，美国海军完全按照日军在塔拉瓦的防御体系"克隆"了防御工事，然后组织军舰和飞机进行火力轰击。结果，他们发现只有相距在 3000 ~ 5000 米时，使用大口径的舰炮发射延时引信穿甲弹，进行排炮俯射才能将其摧毁，而且射击速度要慢，要有间隔和节奏。

根据这一实验结论，美国海军担负舰炮支援的舰艇进行了精确对岸炮击的强化训练，大大提高了舰炮射击的精度。海军航空兵的飞行员们也进行了对地攻击的强化训练，尤其是无畏式俯冲轰炸机

"新泽西"号战列舰

马绍尔群岛上的日军燃料库

飞行员，更是以 250 千克或 500 千克穿甲弹对点状地面目标专门进行了精确攻击专项训练。

美军投入地面部队 8.4 万人，用于攻击的部队共两个整师和两个团，约 5.3 万人，攻占岛屿后担负守备任务的部队约 3.1 万人。为确保兵力兵器上的绝对优势，迅速夺取战役胜利，还动用了 370 余艘舰艇，其中 12 艘航空母舰、8 艘护航航空母舰、15 艘战列舰、21 艘巡洋舰、92 艘驱逐舰和 100 余艘登陆舰艇，1400 余架飞机，其中 930 余架舰载机。

中太平洋战区兼太平洋舰队总司令尼米兹坐镇珍珠港，以便实

施全面指挥调度，第 5 舰队司令斯普鲁恩斯担任海上战役总指挥，地面部队由第 5 两栖部队司令特纳指挥，所有参战兵力分为 5 个部分，分别是：

（1）第 51 特混舰队，又称共用进攻部队。下辖 9 个特混大队，共计 2 艘护航航空母舰（47 架舰载机）、1 艘重巡洋舰、1 艘驱逐舰和 18 艘护卫舰、5 艘扫雷舰、48 艘登陆舰艇，负责运送海军陆战队第 4 师之第 22 团和陆军第 27 步兵师之第 106 团共两个加强团的兵力，除一个营负责占领马朱罗环礁外，其余部队均为总预备队，随时准备加入登陆夸贾林作战。总预备队由第 5 两栖部队副司令希尔指挥。

（2）第 52 特混舰队，又称南部登陆舰队，下辖 7 个特混大队，共计 3 艘护航航空母舰、4 艘战列舰、4 艘巡洋舰、21 艘驱逐舰、9 艘扫雷舰、59 艘登陆舰船，负责运送查尔斯·科利特任师长的陆军第 7 步兵师，担负攻占以夸贾林岛为主的环礁南部岛礁。南部登陆编队由第 5 两栖部队司令特纳指挥。

（3）第 53 特混舰队，又称北部登陆舰队，下辖 7 个特混大队，共计 3 艘护航航空母舰（96 架舰载机）、4 艘战列舰、5 艘巡洋舰、22 艘驱逐舰、13 艘扫雷舰、62 艘登陆舰船，负责运送哈里·施密特任师长的海军陆战队第 4 师担负攻占以罗伊岛—那慕尔岛为主的环礁北部岛礁。北部登陆舰队由里查德·康诺利指挥。

（4）第 57 特混舰队，即岸基航空兵部队，分为突击大队和搜索大队，共有470余架飞机，主要负责战前侦察和航空火力攻击，并支援、协同第58特混舰队夺取战区制空权。岸基航空兵部队由约翰·胡佛指挥。

（5）第58特混舰队，即快速航空母舰舰队，下辖4个特混大队，共计12艘航空母舰（710余架舰载机）、8艘战列舰、6艘巡洋舰、36艘驱逐舰，负责消灭日军在马绍尔群岛的航空力量，并对

马绍尔群岛上日军的鱼雷

日军在马绍尔群岛其他岛屿实施海空封锁，随时准备迎击来犯的日本联合舰队。快速航空母舰舰队由马克·米切尔任司令。

与吉尔伯特群岛战役指挥体系唯一不同的是，第5两栖军军长霍兰·史密斯没接到任务，为此他非常恼怒。负责制定作战计划的第5舰队参谋长麦克·莫里斯对史密斯质问的答复是：登陆部队两个师的作战地区相距很远，无法组织协同，而且都有各自的师长亲自指挥，所以无须再多一层军长的指挥。

为了平息史密斯的怒火，斯普鲁恩斯特意将他安排在特纳的旗舰"落基山"号指挥舰上，共同指挥作战。曾有谣传，陆军第7步兵师师长科利特对于海军陆战队一贯盛气凌人地指责陆军战斗力差这一现象极为不满。他觉得自己对登陆战还有几分研究，完全可以胜任指挥职责，公然宣称如果史密斯要是上岛干预指挥，就把他扣押起来。在吉尔伯特群岛登陆战中，史密斯就曾上岛干预第27步兵师的指挥，尽管这是一个未曾证实的谣传，但事实是，在整个战斗期间，史密斯确实始终没上岛。这也反映了陆海军之间根深蒂固的矛盾。

因运输船只不足，以及其他准备工作尚未就绪，美军原计划于1944年1月1日发起战役，却先后两次推迟登陆日期，最后确定1月31日为登陆日，并规定在1月29日，第57和第58特混舰队开始实施航空火力攻击。

1月30日，第51、52、53特混舰队进入作战海域，开始实施

执行监视日军活动的美军潜艇

舰炮火力攻击。

1月31日，第51特混舰队在马朱罗登陆，第52、53特混舰队在各自主要攻击目标附近的小岛实施登陆，并设立火炮阵地为主攻充分做好准备。

2月1日，第52、53特混舰队同时对夸贾林和罗伊岛—那慕尔岛实施登陆。作战计划还附带注明，如果战役进展顺利，则乘胜组织登陆埃尼威托克岛，其具体时间和兵力将在夸贾林作战结束之后再根据实际情况决定。

美军还派出6艘潜艇在特鲁克和库赛埃、波纳佩和埃尼威托克附近海域活动，一方面密切监视上述地区的日军，一方面实施海上

游猎，彻底切断日军与马绍尔群岛的海上联系。

　　吉尔伯特群岛战役刚结束，美军就开始在塔拉瓦、马金岛和阿贝马马岛大力进行机场建设。这一工程于 1943 年 12 月基本竣工，岸基航空兵随即陆续进驻，并开始以此为基地对日军马绍尔群岛的机场和防御设施进行轰炸。仅 1944 年 1 月，美军对马绍尔群岛的空袭就累计消耗了炸弹约 200 吨，并对贾卢伊特岛附近水道进行了航空布雷。这样就使美军航空母舰舰队能够解脱出来，在 1943 年 12 月至 1944 年 1 月间进行休整、装备检修和必要的战前训练。

马绍尔群岛上日军的岸炮

由于距离较远，航程较短的战斗机无法为轰炸机提供全程掩护，B-24 式重轰炸机在没有战斗机掩护情况下，只能采取在 2400 米高度进行轰炸。岸基航空兵的这些活动，效果并不理想，因此美军无法真正掌握马绍尔群岛的制空权，该地区的日本飞机还常在夜间出动，对塔拉瓦岛和马金岛等地进行密集空袭。

在这种情况下，消灭日军航空兵力量的重任交给了第 58 特混舰队。1 月 22 日，经过长达 7 周的休整，米切尔率领第 58 特混舰队从珍珠港出发，于 1 月 29 日到达马绍尔群岛海域，并立即对日军进行空中打击：4 个大队分别对夸贾林、罗伊岛—那慕尔岛、沃特杰、马洛拉普 4 岛礁的日军机场进行攻击，岸基航空兵也同对米利和贾卢伊特进行攻击。

经过 29 日白天猛烈的攻击，日军在夸贾林、罗伊岛—那慕尔岛、沃特杰、马洛拉普 4 个岛礁的飞机几乎全部被毁掉，机场设施遭到了严重破坏。当晚，美军又以水面舰艇对埃尼威托克机场进行了炮击，以压制那里的日军航空兵。

1 月 30 日，第 58 特混舰队以舰载机和舰炮对夸贾林和罗伊岛—那慕尔岛的防御工事进行了重点打击。

★日本"绝对国防圈"

1943 年 9 月，日军大本营在御前会议上通过了一项战略防御方针，即以千岛群岛—小笠原群岛—马里亚纳群岛—加罗林群岛

中西部—新几内亚岛西部一线为"绝对国防圈"，必须坚决予以固守。

马绍尔群岛属于外围防御圈，守备部队的任务只是竭力消耗迟滞进攻之敌，为加强"绝对国防圈"的防御赢得必要的时间。并且，日本认为美军战略进攻的主要方向是在南太平洋。所以，日本联合舰队并不准备在美军进攻马绍尔群岛时出海迎击，而且"联合舰队"也没有航空母舰部队能够提供必需的远海空中掩护。

同时，日军大本营也判断美军在中太平洋的下一个目标必定是马绍尔群岛，所以准备全力加强该地区的地面部队，但因为通往马绍尔群岛的海上交通线在美军潜艇和水面舰艇部队积极活动下几乎断绝，运送部队和物资的行动也很难实现。

1944年1月，日军在马绍尔群岛的地面部队已达到4.3万人，其中陆军1.6万人，海军1.2万人，其他部队1.5万人。日本驻该地区的航空部队是第24航空战队，原有约130架飞机，在吉尔伯特战役期间曾从北海道、千岛群岛和拉包尔调来88架飞机予以加强，但在美军多次打击下，到1944年1月底，在各机场仅存55架舰载战斗机、10架舰载攻击机、30架岸基攻击机和4架水上飞机。海军舰艇部队在马绍尔群岛只部署了4艘扫雷艇和5艘猎潜艇。上述兵力由海军第6巡防区司令秋山门造统一指挥。

由于日军兵力不足，只得集中防御夸贾林、米利、沃特杰、马洛拉普、贾卢伊特和埃尼威托克6个主要环礁岛屿，秋山门造判断美军如果攻击马绍尔群岛，不是从吉尔伯特群岛出发进攻米利环礁和贾卢伊特环礁，就是从珍珠港出发进攻马洛拉普环礁和沃特杰环礁，特别是米利环礁位于群岛东侧，位置极易暴露，最有可能遭到美军攻击，因此他预备重点加强米利环礁的防御，甚至不惜从中心主岛夸贾林抽调兵力去增援米利环礁。而这却恰恰给美军直取夸贾林作战创造了极为有利的条件。

登陆马朱罗

马朱罗环礁由 50 多个珊瑚礁组成，这些珊瑚礁围成了一个长约 37 千米、宽约 11 ~ 15 千米的大礁湖，是个天然的优良深水锚地，完全可以容纳一支规模庞大的舰队锚泊。1941 年 12 月太平洋战争爆发后，日军曾向该岛派驻了守备部队，并动工兴建了水上飞机基地、营房等设施。1942 年 11 月，为了加强米利环礁的防御，日军将该地的部队全部调到米利环礁，只在马朱罗留下了几个人负责看守设施。

1944 年 1 月 23 日，希尔率领第 51 特混舰队从珍珠港出发。

1 月 30 日，舰队到达东经 180°，便按照原计划一分为二，运载总预备队陆战 22 团的第 1 特混大队由卢米斯指挥，在夸贾林附近的海域待命。希尔率领运载步兵 106 团的第 2 特混大队向马朱罗航行。

由于美军通过空中侦察发现马朱罗岛上有着可供三四百人居住的营房，为了彻底查清当时的实际情况，希尔先派出了一支侦察分队。这支部队就是第 5 两栖军直属侦察连，连长是琼斯。在吉尔伯特群岛战役中，该部侦察阿贝马马岛时主动果断地根据实际情况发起总攻，并一举夺取该岛，因此名声大噪。

　　侦察分队看到天已黑，在夜色掩护下，先搭乘"凯恩"号快速运输舰驶近海滩，再换乘橡皮艇登上马朱罗环礁东南的乌利加岛和达拉普岛。结果，他们发现岛上并没有日军，只有当地的土著人，土著人由于长期受到日军的残暴统治，早已深怀不满，因而对美军表现出欢迎态度，并竭尽所能提供各种帮助。侦察分队搜索了全岛，俘虏了3名留守的日军，并通过对战俘的审讯，了解到日军大部分守备部队已经撤走。琼斯立即与希尔联系，但由于通信设备有故障，一时无法联系上。

　　按照原定计划，1月31日6点37分，希尔指挥军舰开始实施

岛上的日军燃料储存室

舰炮射击。18分钟之后,琼斯与希尔联系上了。得知岛上的情况后,希尔立即下令停止射击。但就在这18分钟里,美军共发射了455发炮弹,幸好没有造成什么人员伤亡。9点左右,美军部队登上了马朱罗。第2大队的大部分舰艇也驶入礁湖。

环绕礁湖有着一条礁脉,形成天然的防潜防鱼雷障碍,大大提高了停泊舰船的安全性。原定肩负登陆作战使命的陆军第27步兵师第106团的第2营于2月1日开始进行基建工作,将达里特岛上的最大建筑物改建成野战医院。两艘扫雷舰开始对礁湖进行测量,并标示出航道和锚地。

美军兵不血刃夺取了马朱罗,并经过一系列基地建设,使之成

美国海军陆战队士兵

为美军在战役中最安全可靠的前进补给和航空基地，为马绍尔群岛战役的胜利奠定了坚实的基础。

★美军进驻马朱罗

2月2日，美军补给船队进入马朱罗，使该地成为美军进攻夸贾林最重要的前进补给基地。这样，原定在战役过程中的各种海上补给都可以取消，而改在马朱罗进行，为战役的后勤保障提供了可靠场所。

2月3日，在马朱罗礁湖停泊的舰船已达30余艘，计划进入该岛锚泊的舰船还有50余艘。

2月上旬，7165人的守备部队和工程兵部队先后到达，先在达拉普岛上建造了一个简易机场，一批航空母舰上的舰载机随即转场来到。接着，美军又在达里特岛上建造另一个简易机场，使马朱罗成为距离夸贾林岛最近的岸基航空兵基地。同时，由于马朱罗和其他岛屿岸基航空兵的积极活动，保证了马朱罗不受日军飞机的袭扰。

夸贾林岛争夺战

夸贾林环礁是世界上最大的环礁之一，也是马绍尔群岛最大的环礁，由大小 97 个珊瑚岛礁围成菱形的礁湖。

夸贾林岛是夸贾林环礁的主岛，秋山门造的第 6 巡防区司令部就设在该岛。这里是日军守备部队的指挥中枢，建有供舰船停泊的码头等海军设施，是日军在马绍尔群岛的主要海军基地。夸贾林岛狭长而中间弯曲，形似一头朝北另一头朝西的香蕉，北面是礁湖，南面则是外海。日军只在环礁东南的夸贾林岛、北部罗伊岛—那慕尔岛和西部的埃贝耶岛 3 个岛礁上设了防。

美军南部登陆舰队于 1 月 22 日从珍珠港出发，于 1 月 30 日深夜抵达马绍尔群岛海域。美军认为，如果从面向礁湖一侧海滩登陆夸贾林岛，将会遭到北、西两边日军交叉火力射击。但如果从濒临大海的海滩登陆，不仅日军防御比较严密，遇到的阻力较大，而且拍岸浪又大，也不适合登陆。除此之外，夸贾林岛岛北端非常狭窄，无法展开部队，最后只剩下夸贾林岛西端可考虑——那里海滩宽度约 730 米，地形还算平坦，基本符合对登陆作战的要求，而且美军军舰可以从礁湖和海上两个方向实施舰炮火力支援，如果再在邻近的埃努布基岛配置地面火炮，火力支援绝对能够保障。基于这

岛上损坏的日军军车

些因素，美军最终决定在夸贾林岛西端登陆。

1月31日凌晨，运载第7步兵师侦察连的"奥弗顿"号快速运输舰和"曼利"号快速运输舰驶抵夸贾林岛西北的吉亚岛附近海域。在格里特的指挥下，侦察连换乘橡皮艇登上吉亚岛，击毙岛上日军22人，俘虏4人，占领该岛。随后，他们按预定计划应登上吉亚岛西北的宁尼岛，以控制在两岛之间的吉亚水道。但是，侦察连却弄错了方向，登上了宁尼岛西北的盖赫岛。直到占领盖赫岛后，他们才发现了错误，只好再登上宁尼岛，将其占领。在夺取这3个岛礁的战斗中，美军共击毙日军125人，俘虏21人，自身仅1人受伤，1人阵亡，顺利完成了控制吉亚水道的任务。

与此同时，运载第7师第17团的6艘运输舰驶抵吉亚水道以西海域，与各运载17辆履带两栖登陆车的4艘坦克登陆舰会合后，第17团的第1、第2营随即换乘到坦克登陆舰上，准备攻占夸贾林岛西北的恩尼贝根岛和埃努布基岛。

日军在岛上的127毫米双管岸炮

8点30分，68辆满载登陆部队的履带两栖登陆车从坦克登陆舰直接下水，编成8个攻击波向两个小岛冲击。由于在此之前，美军护航航空母舰、战列舰和巡洋舰已经对这两个小岛进行了猛烈的航空和舰炮火力轰击，加上在突击上岸过程中，还有4艘驱逐舰不断对海滩实施火力压制，因此登陆部队在突击上岸时只遭到了轻微抵抗，至中午前后，美军就已占领两岛。随后，美军后勤部队在恩尼贝根岛建立了履带登陆车和水陆坦克的检修基地，炮兵部队则将105毫米和155毫米榴弹炮运上了埃努布基岛，建起发射阵地。黄昏时分，科利特将师指挥部从"落基山"号登陆指挥舰移至埃努布基岛。至此，进攻夸贾林岛的一切准备全部就绪。

2月1日凌晨，运载第7步兵师第184团和第32团的运输舰到达夸贾林岛西北海域。5点58分，在距离登陆海滩约7000米处开始换乘。同时，登陆舰队中的4艘战列舰和4艘巡洋舰在南侧外海，数艘驱逐舰则驶入北面的礁湖，在1700米处近距离一起开火，从两个方向实施舰炮火力攻击。

8点，设在埃努布基岛上的榴弹炮也开始轰击。8点40分，特纳下令所有舰炮和地面炮火停止射击。海风刚将岛上的硝烟吹散，就在这时，从塔拉瓦起飞的岸基航空兵B-24式重轰炸机飞来，向夸贾林岛投下1000千克的重磅穿甲炸弹。接着，从航空母舰上起飞的18架无畏式俯冲轰炸机和15架经过改装的复仇者式鱼雷机也对夸贾林岛进行轰炸。最后，30架恶妇式战斗机用机关炮和火箭对

日军阵地进行轰炸。这些飞机刚刚离去，美军的舰炮和地面火炮又恢复射击。美军倾泻在小小的夸贾林岛上炸弹和炮弹，竟是他们在塔拉瓦岛发射的 4 倍，达到 1.2 万吨！

9 点，登陆部队分为 4 个登陆波，每波由 16 辆 LVT 履带两栖登陆车和水陆坦克、3 艘 LCI 登陆炮艇、4 艘登陆控制指挥艇和 2 艘车辆人员登陆艇组成，从距离海滩 4570 米处的出发线出发，以 5 节航速向海滩冲击，每个登陆波时间间隔为 4 分钟。为保持队形，4 艘登陆控制指挥艇在履带登陆车和水陆坦克队形的左右两翼分别配置 1 艘，在中间配置 2 艘，所有履带登陆车和水陆坦克均以这 4 艘艇为基准，而 3 艘登陆炮艇则在履带登陆车的前方 200 米处开道。

LVT 履带登陆车

因此 4 个登陆波始终井然有序，队形严整。

9 点 25 分，美军战列舰、巡洋舰和驱逐舰的炮火开始向纵深目标延伸射击。LCI 登陆炮艇上的火箭炮和 40 毫米机关炮则开始向海滩射击。美军的战术协同是如此的完美，当火箭炮爆炸的硝烟还未散去，LVT 履带登陆车的履带就已经碾上了海滩！在 12 分钟里，首批两个加强营的登陆部队 1200 名官兵就顺利登上了海滩。日军仅有零星的轻武器射击，抵抗极其微弱，美军无一伤亡，简直就像是在进行演习，但比演习还要成功！

美军顺利上岸，并开始向纵深推进，在前进了约 1000 米后，开始遇到日军有组织的抵抗。美国陆军部队再一次表现出其惯有的风格——一遇阻击就停止前进，等待支援炮火将阻击之敌消灭后再继续前进。美军进展非常缓慢，至日落时美军上岸部队有 1.1 万人，损失轻微，仅阵亡 30 余人，伤 40 余人，但只前进了 1500 米。

入夜后，美军转入防御，舰炮不断实施骚扰性射击，迫击炮不时发射照明弹，探照灯来回搜索可疑地区。日军照例组织夜袭，渗透穿过美军防线，发动自杀性冲锋。美军付出了约 30 人伤亡的代价，才将日军的夜袭粉碎。

2 月 2 日，在坦克支援下，美军步兵继续向前推进。但因为坦克被日军事先挖掘的防坦克战壕所阻挡，并遭到日军高射炮平射，美军的进攻被遏制了。美国地面部队随即召唤舰炮火力支援，但由于日军精心构筑的防御工事都在反斜面上，舰炮火力无法将其

一名美国海军陆战队站在日军的反坦克壕中

摧毁。美军便出动了舰载机，轰炸机投掷 500 千克穿甲弹，战斗机则以机关炮进行扫射。这些炸弹和炮弹几乎擦着步兵的头皮呼啸而下，吓得很多士兵大叫大嚷，但马上就发现仅是一场虚惊！舰载机飞行员经过战前强化训练，其对地攻击水平已炉火纯青，炸弹异常准确地摧毁了日军的防御阵地和火力点，令地面部队称赞不已，他们禁不住对飞行员高超的空中技术连连喝彩！

但是，日军抵抗仍然十分激烈。他们凭借未被摧毁的工事和几乎成为废墟的建筑物拼死顽抗，还不时发动反击。加上夸贾林岛地形狭窄，日军只需投入小部队就可依托有利地形阻止美军推进，因此美军进展得非常迟缓。

天黑后，日军一面以迫击炮向美军阵地发射燃烧弹，一面以小股部队实施反冲击，但均被美军击退。

战斗一直持续到 2 月 4 日 15 点 30 分，美军才将岛上的日军压缩到北部并全部消灭。在 4 天战斗中，美军南部登陆舰队所属舰船一直停留在夸贾林附近海域，随时根据地面部队的要求提供舰炮和航空火力支援，有力保障了战斗顺利进行。

2 月 5 日，第 7 师对夸贾林岛上日军零星残部进行了清剿。第 7 师于 2 月 6 日，将夸贾林岛移交给守备部队。

在夸贾林岛东北的埃贝耶岛，日军建有水上飞机基地和舰船停泊设施，并筑有完备的防御工事，守备部队约 400 人。为切实保障夸贾林岛的安全，美军南部登陆舰队又组织了埃贝耶岛登陆战。1 月 30 日至 2 月 3 日，美军对埃贝耶岛进行了整整 5 天海空火力攻击，累计倾泻了 700 余吨炮弹和炸弹，大大削弱了日本守军的力量和防御体系。

2 月 3 日清晨，第 7 师的第 17 团在舰炮、舰载机和设在埃努布基岛的地面火炮全力支援下，顺利在埃贝耶岛登陆。但在随后的纵深战斗中，美军遇到了日军顽强抵抗，战斗一度十分激烈，有些阵地甚至几度易手。直至 4 日中午，美军才将日本守军全歼，

占领该岛。

2月6日起,第7师又对夸贾林环礁南部几个小岛进行了扫荡,肃清了这些岛屿上的日军残部。至此,美军才完全控制了夸贾林岛礁。

在夺取夸贾林环礁南部岛礁的作战中,美军177人阵亡,1037人受伤。而日军守备部队在这些岛礁约5100人中,除49名日军和125名朝鲜工程兵被生俘外,全部被歼。

马绍尔群岛上被炸毁的日军碉堡

★争夺夸贾林岛的美军军队

1944 年 1 月，在夸贾林岛上共有日军 5100 余人，其中大多是工程兵部队和司令部的行政、通信人员，战斗部队仅海军第 61 警备队约 1500 人和陆军海上机动旅团约 1000 人，由第 6 巡防区司令秋山门造统一指挥。秋山门造根据美军在吉尔伯特群岛登陆的情况，判断美军登陆地点必定在北部面向礁湖的一侧，因此在靠近礁湖的海滩紧急加修工事。在登陆前，日军仅有的 4 艘扫雷艇和 5 艘猎潜艇被摧毁——不是在空袭中被击沉，就是在空袭中受伤搁浅。

受命进攻夸贾林岛的是由特纳指挥的美军南部登陆舰队，登陆部队是由科利特任师长的陆军第 7 步兵师。1943 年 5 月和 8 月，陆军第 7 步兵师曾参加过北太平洋阿留申群岛的阿图岛和基斯卡岛的登陆作战，是陆军部队中为数不多有过登陆作战经验的部队。1943 年 9 月，陆军第 7 步兵师调到中太平洋战区，在夏威夷群岛进一步强化了登陆作战的训练。1944 年 1 月 12 日至 17 日，在夏威夷群岛的毛伊岛和卡拉胡韦岛，陆军第 7 步兵师进行了为期 6 天的近似实战的登陆演习。

罗伊岛—那慕尔岛

罗伊岛和那慕尔岛位于夸贾林环礁北部，两岛紧挨在一起，有一条天然沙洲和堤坝相连接，所以被连在一起称为罗伊岛—那慕尔岛。罗伊岛—那慕尔岛是日军在马绍尔群岛的航空基地。在罗伊岛上，日军建有一个3条跑道的大型机场。在那慕尔岛上，日军建有第24航空战队司令部和营房。在罗伊岛西南，还有梅路岛、恩努埃宾岛、恩努加勒特岛、恩努门内特岛和恩努比尔岛等5个小岛。其中，在梅路岛南北各有一条可以进入礁湖的水道，被称为南水道和北水道，其他小岛之间则没有可以航行的水道。

日军在罗伊岛—那慕尔岛共有2900余人，其中警备部队400人、航空兵司令部和地勤人员1500人、工程兵部队800人、航空修配厂勤务人员200人，由第24航空战队司令山田道行统一指挥。在附近5个小岛上，日军也配置少量的守备部队。但由于美军多次空袭，至美军登陆前夕，罗伊岛—那慕尔岛上有99架日军飞机已全部被毁，跑道也被炸毁，日军所储存的航空汽油全被烧毁，与其他岛礁的联系也全部断绝，陷入孤立无援的境地。

美军担负攻取罗伊岛—那慕尔岛的是康诺利的北部登陆舰队，登陆部队是1943年8月才组建的海军陆战队第4师。尽管是刚组

美军陆战队队员在敌人炮火下查看地图

建的部队，还没经受过实战考验，但海军陆战队的士兵都经过了严格的训练，加上部分军官和士兵是从其他海军陆战部队抽调来的，其战斗力并不弱，而且全师上下都洋溢着海军陆战队勇往直前的传统作风。

1 月 31 日凌晨，北部登陆舰队到达夸贾林环礁海域，并按照预定计划先夺取了罗伊岛附近的小岛。5 点 30 分，海军陆战队第 4 师侦察连和陆战 25 团第 1 营开始换乘。由于舰队所在海域风浪很大，而且海军陆战队第 4 师在以往训练中换乘的都是小型登陆艇而不是现在实战中的履带登陆车，换乘比预定时间多耗费了 1 倍。在向海滩冲击途中，他们又受到强劲的海风和偏西海流的影响，一直到 9 点 52 分——足足比预定计划晚了 52 分钟，才对恩努埃宾岛和梅路岛发起了攻击。

不过，由于美国海军舰艇和舰载机强有力的火力支援，日军防御又薄弱，美军登陆几乎没受到抵抗，迅速全歼了日本守军，顺利占领了恩努埃宾岛和梅路岛。美军控制了恩努埃宾岛和梅路岛之间的北水道后，扫雷舰随即由北水道进入礁湖进行扫雷作业。美军扫雷艇没有发现水雷，却不断遭到罗伊岛上的日军炮击。海军陆战队第 4 师炮兵团迅速将火炮运上恩努埃宾岛，准备次日登陆罗伊岛。

由于履带两栖车数量不足，刚完成进攻恩努埃宾岛和梅路岛的履带两栖车需要返回出发线，再运送部队进攻恩努比尔岛和恩努门内特岛。在此过程中，因为海浪较大，履带登陆车航行速度受到影响，美军对恩努埃宾岛和梅路岛的登陆被推迟到 15 点。美军陆战 25 团第 2 营和第 3 营很快击溃了日本守军，于 16 点 30 分占领恩努埃宾岛和梅路岛。海军陆战队第 4 师的炮兵营连夜将火炮运上恩努比尔岛，准备次日登陆罗伊岛作战。

第二天，北部登陆舰队以 24 人阵亡、40 人负伤的代价夺取了罗伊岛附近 5 个小岛，并在其中两个小岛上设立了炮兵阵地。而水下爆破队在舰炮支援下，于 31 日对罗伊岛预定登陆地区进行了水下侦察，查清了水下没有障碍物，也没有对登陆有影响的珊瑚礁，

岛上弹痕累累的日军永备工事

完成了次日主攻的一切准备。

日军在罗伊岛—那慕尔岛修筑了 4 个大碉堡、12 个掩体、6 个隐蔽的火炮阵地和 65 个永备火力点。美军第 58 特混舰队第 1、第 2 大队的舰载机和北部登陆舰队的 3 艘战列舰、5 艘巡洋舰和 6 艘驱逐舰对罗伊岛已经进行了连续 3 天的猛烈火力攻击，所消耗的弹药相当于在塔拉瓦比托岛耗费的 2 倍，而罗伊岛的面积却只有塔拉瓦比托岛的一半，也就是说，火力攻击的强度几乎是塔拉瓦比托岛的 4 倍。罗伊岛上所有建筑都被夷为平地，工事也大部分被摧毁，守军伤亡也已过半。

1月31日，美国运载登陆部队陆战23团和24团的运输舰到达罗伊岛西南海域，换乘坦克登陆舰后于2月1日凌晨驶入礁湖。

2月1日5点45分，担任舰炮火力支援的3艘战列舰位于那慕尔岛以东，5艘巡洋舰位于罗伊岛以北，6艘驱逐舰则在南面礁湖内，从三个方面一起实施炮击。6点45分，美军设在恩努埃宾岛和恩努比尔岛上的地面火炮也开始炮击罗伊岛—那慕尔岛。

1944年2月2日，罗伊岛的沙滩上

尽管在航行中秩序混乱，但美军连日的火力攻击已经给罗伊岛的日军造成了很大损失。侥幸活下来的日本守军只有300多人，隐蔽在地堡和机场排水沟里躲避美军的炮火。陆战23团的登陆非常顺利。12时许，登陆部队陆续上岸，所遭受的抵抗微乎其微。

13点10分，陆战23团主力已全部到达当日任务线，团长将团指挥部移至滩头，率领部队先巩固登陆场。15点30分，陆战23团继续向纵深发展进攻，在坦克支援下，充分发扬海军陆战队传统，使用火焰喷射器、炸药包逐一消灭日军。他们进攻锐利，进展神速，于17点35分就推进到了罗伊岛最北部，占领了全岛。当晚，美军运载物资的船只靠岸开始卸载，以尽快抢修岛上的机场。陆战23团团长随即派出一个步兵连和部分坦克增援在那慕尔岛作战的陆战24团。

在登陆罗伊岛的同时，那慕尔岛登陆战也在激烈进行，而且比罗伊岛登陆战困难得多。陆战24团原计划由110辆履带登陆车运送，而实际只有62辆。尽管如此，部队仍然在12点左右登上了那慕尔岛海滩。除了在东南遭到日军顽强抵抗外，美军主力进展还是很顺利的。

12点45分后，岛上日军弹药储存点一连发生了三次大爆炸。横飞的弹片使陆战24团蒙受了巨大伤亡。在海滩后方，日军构筑的防坦克壕使美军履带登陆车无法再向纵深前进。美军只得下车徒步前进，日军依托一些未被摧毁的工事和建筑物瓦砾，拼死抵抗，

使美军难以取得突破。

罗伊岛的增援部队到达后，陆战24团重新组织力量，再次发起猛攻，终于在19点30分占领了那慕尔岛南部。鉴于天色已黑，美军停止前进，就地组织防御。当晚日军发动了一些小规模偷袭，但均被美军击退。

2月2日，9点起，陆战24团在坦克和半履带自行火炮支援下，向那慕尔岛北部发动攻势，将日军抵抗的据点——消灭。14点左右，美军肃清了日军有组织的抵抗，占领全岛。年轻的海军陆战队第4

美军冒着日军的炮火在罗伊岛的沙滩登陆后，在讨论进攻路线

罗伊岛滩头的美军

师经受了战火的洗礼，成熟起来了。

在夺取罗伊岛—那慕尔岛战斗中，在2900余名日军中，除51名日军和40名朝鲜工程兵被俘外，其他的全部被消灭。美军196人阵亡，550人受伤。

至2月7日，"燧发枪"作战胜利结束，美军攻占了夸贾林环礁诸岛礁，并乘胜扫荡了附近岛礁，占领了除沃特杰、米利、马洛拉普和贾卢伊特4个环礁以外的其余岛礁。战斗中美军战死373人，负伤1587人，参战军舰无一损失。日军在夸贾林环礁诸岛上的守军约8500余人，除100名日军和165名朝鲜工程兵被俘外，其余全部被歼。

对于日军重兵驻守的4个环礁，美军认为这些岛礁上的日军既没有作战舰艇，又没有飞机，已经构不成什么威胁，不必花费人力物力去夺取。相反，留着这些岛礁还有用处，一来美军将其作为训练飞行员绝佳的实战练兵场，不时组织新飞行员进行对地攻击；二来日军维持这些岛礁守军的补给，倒是一个沉重的包袱，在美军严密的海空封锁之下，只能利用潜艇进行数量极其有限的补给。

★登陆过程的混乱秩序

按照计划，美军登陆部队应在10点换乘履带登陆车，但有大约40%的履带登陆车直到11点还没到达会合区。原来，这些履带登陆车参加了31日在5个小岛的登陆战，本应在当晚返回坦克登陆舰，进行检修和加油，但有些履带登陆车驾驶员由于地形不熟找不到返回坦克登陆舰的航道，有些驾驶员则因整天战斗而筋疲力尽无力返回，有些履带登陆车燃油耗尽滞留在各小岛。施密特见登陆时间不能再拖，便于11点12分下令开始登陆。由于履带登陆车数量不够，施密特便将部分已经乘上登陆艇的预备队临时改为第一攻击波，加上海军陆战队第4师从没进行过换乘履带登陆车的训练，这样在出发线上就产生了混乱。由于时间紧迫，部分履带登陆车和登陆艇还没整理好队形就出发了，当时风浪又大，在航行中发生了多起碰撞事故，秩序更加混乱。

"法警"作战行动

由于夸贾林环礁作战非常顺利，损失又小，斯普鲁恩斯于是决定按照作战计划中所附带的注明那样，乘胜发起埃尼威托克环礁登陆作战。

2月4日，尼米兹乘坐卡塔林娜式水上飞机离开珍珠港，于2月5日到达塔拉瓦，进行了短暂视察后，又于2月6日抵达夸贾林，与斯普鲁恩斯、特纳等将领就进攻埃尼威托克的有关事宜进行了研究。当时，有人认为，夸贾林环礁作战尚未完全结束就发动新战役，比较冒险，但尼米兹全力支持斯普鲁恩斯的意见，并指示有关方面尽一切可能提供支援。

埃尼威托克是马绍尔群岛中位置比较偏远的环礁，距离马里亚纳群岛约1850千米，距离特鲁克约1240千米，距离波纳佩约670千米。美军如果发动登陆，必将受到上述三地日军航空兵围攻。为保障登陆作战顺利进行，美军决定在登陆作战开始前组织空中突击，由航空母舰编队的舰载机负责压制马里亚纳群岛和特鲁克的日军航空兵，岸基航空兵负责压制波纳佩的日军航空兵，消除日军可能的袭扰。

登陆作战由第51特混舰队承担，该部队是由在战役中没有使

用的预备队海军陆战队第 22 陆战团和陆军第 27 步兵师第 106 团，
共两个加强团组成，约 8000 人，由沃森指挥。登陆舰队由 70 余
艘舰船组成，其中 3 艘护航航空母舰、3 艘战列舰、3 艘重巡洋舰、
19 艘驱逐舰、1 艘船坞登陆舰、9 艘坦克登陆舰、9 艘运输舰、
2 艘快速运输舰、4 艘扫雷舰、2 艘油船，72 架舰载机，由希尔统
一指挥。

　　米切尔指挥的第 58 特混舰队和胡佛指挥的岸基航空兵负责夺

那慕尔岛上被美军击毁的日军双管 127 毫米岸炮

取战区制空权，掩护登陆作战顺利实施。确定登陆日期为 1944 年 2 月 17 日，作战代号为"法警"。

2 月 12 日开始，胡佛指挥的岸基航空兵对波纳佩和库赛埃的日军进行了多次空袭，美军空袭部队以从塔拉瓦起飞的 B–24 式重轰炸机为主，共投下炸弹 118 吨，6000 余枚燃烧弹，至 26 日，两地的日军飞机损失大半，机场也遭到了严重破坏而无法使用，空袭解除了对进攻埃尼威托克的威胁。

美军 B–24 重型轰炸机

对埃尼威托克登陆威胁最大的日军基地是特鲁克。特鲁克位于加罗林群岛中部，马绍尔群岛西南，所罗门群岛以北，第一次世界大战后成为日本的委任统治地。经过日军数十年来的苦心经营，埃尼威托克已成为日本在中太平洋上最重要的海空基地，被誉为"太平洋上的直布罗陀"和"日本的珍珠港"。由于长期以来日军对特鲁克实行了严密的警戒和安全管制，美军对其具体情况一无所知，直到 1944 年 2 月 4 日，美军一架属于海军陆战队航空兵的 PB4Y 解放者式水上飞机从布尔维干起飞，进行了一次 1500 千米的超远程飞行，对特鲁克进行首次航空侦察，成功拍摄下了停泊在礁湖里的日本联合舰队主力所在地和机场上的飞机。但可惜由于当时低空云层密布，美军没有能拍摄下全部岛礁，也无法掌握该环礁的防御情况。美军根据航空照片判断，日本联合舰队主力正锚泊在此，而该环礁 3 个机场上共有 185 架日本飞机（实际为 385 架）。考虑到特鲁克的地理特点，美军决定组织空中突击，尽可能消除日军对埃尼威托克登陆作战的威胁。

美国飞机的侦察活动，立即引起了日军极大不安。联合舰队司令古贺峰一认为，随着夸贾林失守，特鲁克已经暴露在美军攻击之下，随时可能遭到空袭。为确保联合舰队主力的安全，古贺峰一于 2 月 7 日下达了舰队转移的命令。2 月 10 日，古贺峰一率联合舰队主力离开特鲁克，撤往帕琉群岛。日军留在特鲁克的仍有包括巡洋舰和驱逐舰在内的约 50 艘各种军舰，约 300 架飞机，由第 4 舰队

司令小林仁统一指挥。

2月12日，斯普鲁恩斯亲自指挥第58特混舰队的3个大队，并从其他部队抽调部分舰只予以加强，共计9艘航空母舰、6艘战列舰、10艘巡洋舰和30艘驱逐舰，搭载约570架舰载机，从马朱罗出发。为了迷惑日军，美国海军舰队首先向西北航行，从埃尼威托克北面绕到西面，再转向特鲁克。

2月17日凌晨，美国海军舰队到达特鲁克以东约160千米海域，一直未被日军发现。随即，它一分为二：斯普鲁恩斯亲率2艘战列舰、2艘重巡洋舰和4艘驱逐舰继续向特鲁克逼近，围绕特鲁克以逆时针方向巡航，以截击在空袭后可能向外海逃窜的日军舰艇；米切尔指挥其余舰只以舰载机发动空袭。远在珍珠港的尼米兹为了确保万无一失，早已派出了10艘潜艇在特鲁克周围海域游弋，以密切监视日军，并消灭可能的漏网之鱼。

6点40分，美军从5艘大型航空母舰起飞了70架恶妇式战斗机，另4艘轻型航空母舰上的战斗机则留下来作为舰队的掩护兵力。当美国飞机向特鲁克飞去时，日军雷达站发现了情况，发出警报。随即，日军起飞77架战斗机迎战。双方战斗机在天空中展开激烈空战，场面蔚为壮观。日军不仅战斗机性能比不上美国飞机，而且飞行员的技术和战术素养也比美军飞行员差了很多，因此战斗是一边倒的：日本被击落30余架飞机，还有40余架在地面被击毁，美国仅损失4架飞机。

美国海军航空兵恶妇式战斗机群超低空飞越特鲁克群岛的环礁

接着，米切尔又以战斗机掩护轰炸机突击日军机场跑道，结果严重破坏了日军的机场跑道、机库等设施，炸毁了不少停在机场上的飞机。美军通过空战和对机场突击夺取了特鲁克上空的制空权后，随即对礁湖内外的日军舰船进行了猛烈攻击。日军"香取"号巡洋舰和"舞风"号驱逐舰、"野风"号驱逐舰掩护"赤城丸"号运输船和"浅香丸"号运输船刚驶出礁湖，就遭到美国飞机的猛烈攻击。它们好不容易到达外海，又遇上了斯普鲁恩斯的战列舰巡

激战特鲁克港

洋舰舰队，结果"香取"号巡洋舰、"舞风"号驱逐舰和"赤诚丸"号运输船被击沉，其余舰船返回横须贺。

入夜后，一架日本飞机悄然而至，美军猝不及防。美军"勇猛"号航空母舰被日本飞机投下的鱼雷重创，只得在巡洋舰和驱逐舰护卫下返航。

18日凌晨3点，米切尔派出了12架装备雷达的复仇者鱼雷机进行夜袭。美国飞机在60米高度进行超低空攻击。日军防空炮火向高空射击，等到发觉美国飞机踪迹，调整射击角度，美国飞机已经投完了鱼雷，击沉击毁日本多艘军舰后扬长而去。

18日天亮后，米切尔又连续组织了3次攻击，对日军机场、储油库和弹药库等军事设施进行攻击。由于日本飞机在过去一天的空战中损失殆尽，防空火力损失惨重，美国飞机遇到的抵抗非常微弱——如入无人之境，从容选择目标实施攻击。日军"太刀风"号驱逐舰于2月4日在距离特鲁克约9千米海域触礁搁浅。日军虽出动拖船前去营救，但未成功。在美军17日的进攻中，"太刀风"号驱逐舰被炸弹击中，18日上午再次遭到攻击，终被击沉。

18日中午，斯普鲁恩斯指挥战列舰和巡洋舰绕了特鲁克一周，同时不时用舰炮轰击岛上的目标，与米切尔的航空母舰舰队会合后才返航。在历时两天的进攻中，美军共出动1250架次飞机，投掷炸弹、鱼雷累计约500吨，消灭日本飞机约270架，其中空战击落70余架，如果加上日军在飞机修配厂和机库里损失的飞机，

更高达近 300 架。击沉包括 2 艘巡洋舰和 4 艘驱逐舰在内的 10 艘军舰，击毁 9 艘军舰，还击沉 31 艘运输船，计 19.35 万吨，还有 4 艘军舰在规避空袭中触礁搁浅。日军一支运送地面部队的运输船队也在特鲁克附近海域遭到攻击，2 艘运输船被击沉，船上运载的约 1100 人落海丧生。加上日军在空袭中的人员伤亡，日军伤亡人数总计约 1700 人。储油库、弹药库、飞机修配厂、营房以及机场地面设施损失惨重。美军仅损失 25 架飞机，以及"勇猛"号航空母舰受重创。

空袭后的特鲁克满目废墟，如同当年的珍珠港，完全失去了应有作用，美军航空母舰舰队这一行动有力支援了即将开始的埃尼威托克登陆战。

特鲁克之战结束后，米切尔率领第 58 特混舰队第 2、第 3 大队，共计 6 艘航空母舰、5 艘战列舰、2 艘巡洋舰和 15 艘驱逐舰，370 余架舰载机向西北航行。

2 月 22 日，日军一架侦察机发现了这支美军舰队，向日本第 1 航空舰队司令角田觉治报告了。角田觉治决定先下手为强，马上组织夜航飞机连夜实施攻击。17 时许，他先派出了 5 架装备雷达的岸基攻击机，搜寻美军舰队，并与其保持接触，以引导后续航空兵的攻击。19 点 30 分，根据角田觉治的命令，16 架岸基攻击机从提尼安岛起飞，途中有 5 架因故障而返航，其余 11 架于 22 点 10 分找到美军舰队并立即实施鱼雷攻击。由于美军舰队中没有搭载夜航战斗机，无法进行空中拦截，但美军各舰装备的新型炮瞄雷达性能较好，能在远距离上准确发现和引导高炮射击，高射炮使用的又是当时最先进的近炸引信，具有较高的命中率和杀伤力，因此日本飞机被击落了 7 架，美国军舰无一损伤，出击的日本飞机又有 1 架在返航着陆时坠毁，使日军首次攻击就损失了 8 架。22 点 30 分，日军派出了第二攻击波 5 架攻击机，于 24 时许对美军舰队发起了攻击，投下的鱼雷均被美国军舰规避，而日本则被击落 4 架飞机。

遭轰炸后的特鲁克港

23日凌晨2点30分，日军又出动了8架攻击机，第三攻击波损失3架飞机而毫无收获。天亮后，日本先后出动了18架战斗机和19架攻击机，前来攻击美国舰队。此时，美军战斗机起飞迎战，一举击落31架日本飞机，将日军的攻击行动彻底粉碎。

7点45分，美军舰队驶抵马里亚纳群岛以西185千米处，攻击机群开始起飞，其中蒙哥马利的第2大队负责攻击关岛和塞班

担任侦察任务的美军水上飞机

岛，谢尔曼的第3大队负责攻击提尼安岛和罗塔岛，至15点先后发动了3个攻击波，主要攻击的是塞班岛和提尼安岛，共约200架次，对关岛和罗塔岛分别派出了14架次和4架次，将日军在该地的137架飞机击毁125架，并将11艘猎潜艇全部击沉，日军还有2艘运输船为躲避美国飞机空袭出海，结果被在海上游弋的美军潜艇击沉。

至此，美军通过岸基航空兵和航空母舰舰载机的积极活动，沉重打击了日军在波纳佩、特鲁克和马里亚纳的航空兵，使其丧失了支援埃尼威托克的能力，为埃尼威托克的登陆创造了条件。

1942年11月，日军派出300余名工程兵在埃尼威托克环礁北部的恩吉比岛上修建机场，12月又增派500余名工程兵，以加快施工进程。1943年3月，日军建成一个拥有1200米长跑道的大型机场，可供重轰炸机起降。但日军未在该机场部署常驻航空兵，只将该机场作为马里亚纳、马绍尔和加罗林群岛之间的中继基地。守备部队是海军第61警备队，1944年1月从中国东北调去了海上机动第1旅团，以加强防御力量。日军地面部队主要防守恩吉比岛、埃尼威托克和帕里三个岛礁，其中在恩吉比岛部署1276人，在埃尼威托克部署808人，在帕里岛部署1476人，共3500余人，其中工程兵约800人，战斗部队2700人，第1旅团的指挥部设在帕里岛。

2月15日，希尔率领登陆舰队从夸贾林出发，于17日驶抵埃

尼威托克海域。由于美军登陆部队只有 8000 人，与日军相比，仅有 2.2：1 的优势，无力同时在 3 个岛礁上登陆，只能逐一夺取。金德指挥的第 58 特混舰队第 4 大队，编有 3 艘航空母舰、3 艘巡洋舰和 8 艘驱逐舰，约 150 架舰载机，同时到达了埃尼威托克海域，与登陆舰队中的护航航空母舰一起，负责提供空中掩护和航空火力支援。

鉴于恩吉比岛上建有机场，美军将其作为第一个目标，然后再夺取帕里岛和埃尼威托克。

2 月 17 日，由奥登多夫指挥的巡洋舰和驱逐舰组成的舰炮火力支援大队首先炮击了礁湖两侧的岛礁，掩护扫雷舰进入礁湖，清扫水雷标示航道。14 点，希尔派出两支侦察分队，乘履带登陆车分别在恩吉比岛东南的山茶花岛和鲁周卢岛登陆，日军在这两岛未部署部队，所以美军未遇抵抗。美军随即将 12 门 105 毫米榴弹炮和 12 门 75 毫米榴弹炮分别运上山茶花岛和鲁周卢岛，为次日进攻恩吉比岛做准备。

2 月 18 日，美军巡洋舰、驱逐舰和舰载机以及设在两个小岛上的火炮一起向恩吉比岛实施猛烈的火力攻击。在美军猛烈火力轰击下，日军伤亡过半，残部之间的联系也大都断绝，陷于孤立分散状态，难以组织起有效抵抗。

8 点，美军以 6 艘登陆炮艇、20 辆履带登陆车和 17 辆水陆坦克组成第一登陆波，向恩吉比岛海滩冲击。9 点，登陆部队的陆战

22 团顺利上陆——东部登陆部队进展顺利，但西部由于靠近机场，日军防御较严密，美军遭到了顽强抵抗，尤其是日军凭借海滩后面一条 3 米高的大堤，居高临下阻击美军推进。陆战 22 团团长命令预备队投入战斗，最终才突破了日军防线。在坦克支援下，陆战 22 团迅即肃清了日军残余，于 16 点 40 分占领了恩吉比全岛。日军守备部队战死 1261 人，被俘 16 人。美军阵亡 85 人，负伤 166 人。

美军原计划在攻占恩吉比岛之后，同时在埃尼威托克和帕里岛

一个被炸毁的日军防空壕

发起登陆，但根据在恩吉比岛上缴获的日军文件获悉，日军在这两个岛礁上的守军都是第 1 海上机动旅团的精锐，战斗力很强。希尔和沃森商议之后决定改变计划，先集中兵力夺取埃尼威托克，得手后再进攻帕里岛。

2 月 19 日晨，步兵第 106 团在猛烈舰炮和舰载机掩护下于 8 点 30 分发起冲击。9 点 20 分，美国步兵第 106 团顺利上岸。但随着登陆部队向纵深推进，日军凭借防御工事的抵抗也越来越激烈。美军只得加派陆战 22 团第 3 营和部分坦克上岸，增援 106 团。直至黄昏时分，美军才突破日军防线。但天色将黑，美军便停止进攻，转入防御。

2 月 20 日，陆战 22 团 3 营在坦克支援下进展迅速，很快就攻占所承担的区域，随即主动配合左邻 106 团 1 营歼灭了岛南部地区的全部日军。不过，负责攻占北部地区的 106 团 3 营被日军依托岛礁最窄处构筑的防御工事阻挡。他们召唤舰炮和舰载机进行了猛烈火力轰击，但直至天黑也未取得突破。

同一天，为了掩护在帕里岛登陆作战，陆战 22 团将 12 门 75 毫米火炮运上了紧邻帕里岛的普加纳岛，并从 20 点起开始对帕里岛进行炮击。海军 3 艘战列舰和 2 艘巡洋舰也对帕里岛进行了近距离轰击，但由于日军防御工事多为地下和半地下，舰炮射击效果并不理想。最后，美军又从护航航空母舰上起飞舰载机实施航空火力攻击。

2月21日，美军出动大批舰载机对埃尼威托克进行了猛烈攻击。在此支援下，地面部队突破了日军防线，于当天下午占领了全岛。这一战，美军37人阵亡，94人受伤。

2月22日，陆战22团第1、第2营从帕里岛北部同时登陆，陆战22团第3营随之上岸，3个营齐头并进向纵深推进。岛上的日军虽然经过连续3个昼夜的火力轰击，工事大半被毁，人员死伤过半，但残部仍凭借一些未被摧毁的工事负隅顽抗。美军组成爆破小组，在坦克掩护下，使用火焰喷射器和炸药包，将日军火力点一一

米切尔

消灭。中午时分，美军占领岛北部地区，南部的战斗则于黄昏前结束。沃森于当晚19点30分宣布占领帕里岛。美军73人阵亡，261人伤。

整个"法警"作战中，美军只有两艘登陆炮艇遭到己方误击而受伤，以死195人、伤521人的代价，全歼埃尼威托克的3500余名守军，攻占埃尼威托克环礁。

马绍尔群岛战役至此结束，美军连续组织"燧发枪"和"法警"作战，夺取了夸贾林、罗伊岛—那慕尔岛、埃尼威托克诸环礁，美军阵亡和失踪人数为568人，负伤2108人。毙伤日军约1.1万人，俘虏329人。双方伤亡比为0.23：1。美军在登陆作战中所表现出的极高战术水平，与塔拉瓦岛战役相比，是巨大的飞跃，尤其参战各兵种之间的协同配合，完美默契，堪称经典。很多美军将领认为此役是最漂亮的一次两栖登陆战，就连极少出口称赞的第5两栖军军长史密斯也说："在夸贾林的战斗，是迄今为止最令人满意的一次！"

美军迅速攻占马绍尔群岛，完全突破了日军在中太平洋外围的正面防线，取得了继续实施战略进攻的前进基地，打乱了日军的战略防御计划，并为下一步攻击马里亚纳群岛创造了有利条件。而且马绍尔群岛战前是日本的委任统治地，也就成为美军在战争中第一次攻占的日本领地，这极大地鼓舞了士气。

★埃尼威托克登陆战的影响

这一胜利使日本企图凭借马绍尔群岛消耗美军实力，迟滞美军战略进攻的希望彻底落空。马绍尔群岛失守使日军战略防御的核心马里亚纳群岛直接暴露在美军攻击矛头之下。战局的进一步恶化，导致了日本陆海军之间的矛盾再度加剧，日本首相东条英机以解决军种矛盾为契机，把特鲁克遭到袭击作为借口于2月下旬解除了永野修身海军军令部长的职务，由比较顺服的海军大臣岛田繁太郎兼任，同时解除了杉山元陆军参谋总长的职务，由自己兼任。尽管东条费尽心机，使操纵战争的权力更加集中，但丝毫无助于扭转日渐恶劣的战局。

剑指马里亚纳

在东亚大陆东面西太平洋，自北向南、由小到大地散落着一串明珠，这就是马里亚纳群岛。马里亚纳群岛拥有美丽的阳光、海水、沙滩和热带风光。但是，马里亚纳群岛的历史十分悲壮——它曾先后被西班牙、德国和日本侵占，最后归属美国，它曾作为第二次世界大战的主战场，在第二次世界大战中留下了光辉而凄美的一笔。

马里亚纳群岛位于琉球、中国台湾和菲律宾以东，硫黄列岛以南，加罗林群岛以北，正扼住太平洋航道的咽喉，战略地位极其重要，是亚洲与美洲的海上交通要道，是美军进攻日本本土和远东的必经之路。它不仅是日本大本营"绝对国防圈"中的一个关键性链环，也是保护日本本土极为重要的南部屏障。

如果马里亚纳群岛被美军占领，日本本土与东南亚的海上生命线就将被切断，中国台湾和菲律宾也将处在美军直接打击范围，更严重的是从马里亚纳起飞的美军 B-29 轰炸机可以将日本本土纳入轰炸半径，同时，还可以让日军对美军的下一步行动猜测不定，加深日本人的恐慌。正因为马里亚纳群岛如此至关重要，所以它才被日军誉为"太平洋的防波堤"，而美军所实施的马里亚纳登陆战役也就被称作"破堤之战"。

进入 1943 年下半年，美军经过一年半艰苦奋战，最终扭转了战争初期被动挨打的不利局面，从战略防御转入了战略进攻。自从美军 1943 年 5 月收复阿留申群岛后，就未在马里亚纳群岛这个方向进一步采取攻势。

其原因在于，浩瀚的太平洋纵横万里，进攻日本的路线主要有三条——北太平洋路线，中太平洋路线，西南太平洋路线。在这三

塞班岛上，美军炸毁了日军散兵坑

条路线中，哪条路线作为美军进攻日本的主攻方向，是一个战略性问题，是美国高层领导者必须要充分考虑的问题。北太平洋天气严寒，海面上风大浪急，不利于实施大部队作战，而且对日本维持其战争的生命线——与东南亚的海上交通，起不了多大作用，无法迅速解决战争。因而北太平洋路线被不约而同地否决掉。

是将中太平洋还是西南太平洋作为主攻方向，美军上层争论了很久，并产生了尖锐的分歧。

从表面上看，这是进攻路线之争，但实际上反映出了美国陆军和海军之间的深刻矛盾。因为，如果美军从西南太平洋发起攻击，则主要依靠陆军实施地面进攻，海军只不过担任保护海上运输、以海空火力支援地面作战，并掩护陆军近海侧翼的次要任务。而美军从中太平洋展开进攻，战争胜负的关键是掌握制空权与制海权，海军的航空母舰舰队将是绝对的主力，由于所需占领的岛屿面积较小，地面战斗只需要小规模陆军部队，因而海军才是主角。在这场争论中，陆军参谋总长马歇尔支持美军从西南太平洋发起进攻，而海军作战部长金鼎力支持美军从中太平洋展开进攻——两个军种的头

欧内斯特·约瑟夫·金

号人物互不相让，让美国最高决策层也难以做出最终决定。

由于这个问题事关重大，两个军种的头号人物谁也不能得罪，美国参谋长联席会议进行了极其慎重和细致的研究。经过调查研究，美国参谋长联席会议最后决定采取以中太平洋为主、西南太平洋为辅的双管齐下战略。这样既可避免单线进攻易遭日军集中全力的抗击和暴露侧后的危险，又能迷惑日军，使其难以判断美军的主攻方向，分散日军兵力和注意力，为战略进攻的顺利实施创造有利条件。之所以选择中太平洋为主攻方向，还有一个原因是因为随着美国军事工业全面转入战时生产，大批航空母舰和登陆舰艇建成服役，中太平洋的海军部队拥有了一支以航空母舰为核心、具有极高机动力和极强突击力的舰队，能够确实保证掌握制空权和制海权。当然，这一战略也是美国高层为了扬长避短，平衡海军和陆军之间的矛盾，让他们双方都心服口服，最终能团结一致对付日本人。

根据参谋长联席会议的决定，美军先后组织了新乔治亚岛战役、吉尔伯特群岛战役、马绍尔群岛战役，随后的进攻矛头直指马里亚纳群岛。

★美国海陆军作战路线的分歧

以麦克阿瑟为代表的陆军一方认为：在占领或封锁拉包尔之后，沿新几内亚－菲律宾轴线的西南太平洋发动进攻，这条进攻路线可以充分利用美军在西南太平洋和南太平洋业已建立的一系列海

空基地，始终能够得到岸基航空兵的有力支援，对于进攻目标有着较大的选择余地，能够绕过日军重兵守备的地区，攻击日军防御薄弱之处。

而以尼米兹为代表的海军一方则认为：这条进攻路线上的主要岛屿面积都比较大，日军部署的兵力也相应较多，所以遭到的抵抗一定较激烈，付出的伤亡也会大一些，而且这条进攻路线的侧翼和后方都暴露在中太平洋地区的日军面前，进攻态势并不理想，只能采取步步为营的战略逐步推进，其攻击速度可想而知。相反，从中太平洋发动攻势，可将日军在太平洋上的部署拦腰截断，切断日本本土与东南亚之间的海上交通线，这对于日本而言是致命的，而且中太平洋上所要夺取的，大多是相距遥远的一些面积较小的珊瑚礁和岛屿，即便日军在这些岛屿上的防御比较坚固，也会由于面积小而力量单薄，彼此距离远而难以得到增援与补充，容易被美军各个击破，加之这条路线与美军后方基地路程较近，能节省部队与运输船只，从而能迅速结束战争。

代号"征粮者"

　　早在 1943 年 11 月，英美参谋长联合委员会就向美军太平洋舰队和中太平洋战区下达进攻马里亚纳的指令，命令他们为 B-29 轰炸机修建空军基地，为进攻日本本土扫清障碍。

　　根据这一指令，中太平洋战区司令尼米兹于 1944 年 1 月 13 日

美军 B-29 重型轰炸机

制定了进攻方案。该方案计划分三阶段：先攻占塞班和提尼安，再夺取关岛，最后肃清其余岛屿上的日军。

1944 年 3 月 12 日，美国参谋长联席会议下达马里亚纳作战

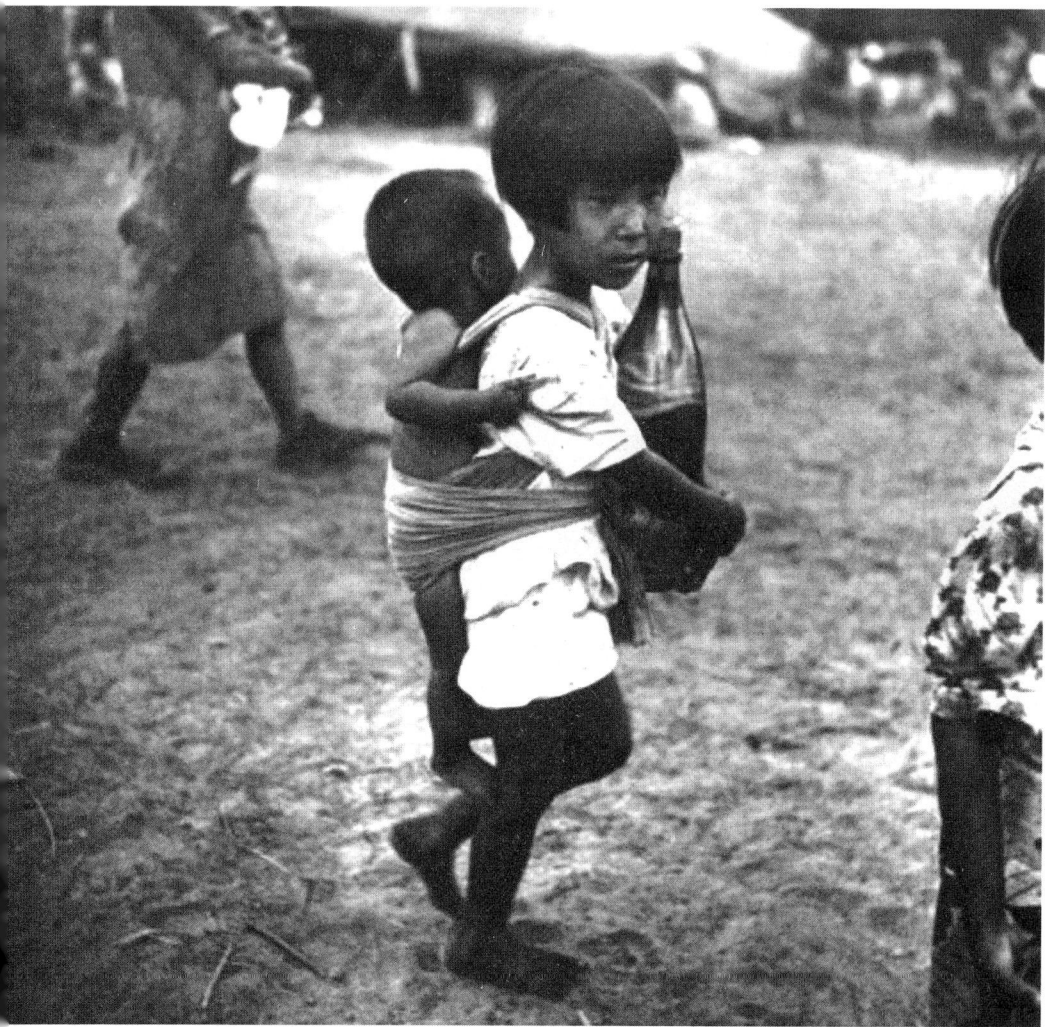

塞班岛战役前，岛上的平民儿童

命令。

1944 年 3 月 21 日，尼米兹将参战的将领雷蒙德·特纳从马绍尔群岛召到珍珠港，讨论有关作战方案。在会议上，尼米兹亲自指导制定了代号为"征粮者战役"的马里亚纳作战计划，并且将登陆日定在 1944 年 6 月 15 日。

1944 年 3 月 28 日，尼米兹下达了兵力编成和任务分配的命令，登陆部队及其护航输送船队称为联合远征军，由雷蒙德·特纳任司令。

联合远征军下辖三部分：第 52 特混舰队，也称为北部登陆舰队，由特纳兼任司令，由霍兰·史密斯任军长的海军陆战队第 5 军运送，以海军陆战队第 2 师和第 4 师为基本登陆兵力，从夏威夷和美国西海岸出发，负责夺取塞班和提尼安；第 53 特混舰队，也称为南部登陆舰队，里查德·康诺利为司令，由罗伊·盖格任军长的海军陆战队第 3 军运送，以海军陆战队第 3 师和陆战暂编第 1 旅为基本登陆兵力，从瓜达尔卡纳尔岛出发，负责攻占关岛；第 51 特混舰队第 1 大队，也称留船预备队，布兰迪海军为司令，由 R. 史密斯为师长的陆军第 27 加强师运送，在登陆场附近海域待命，随时准备加入战斗。

联合远征军的地面部队共计有 12.7 万人，担负运送和护航任务的舰船有 535 艘。此外，在夏威夷待命的陆军第 77 师为战役总预备队，准备于 7 月投入战斗。

为联合远征军提供海空掩护的有两支部队，一支是米切尔指挥的第58特混舰队，下辖4个特混大队，共有15艘航空母舰、7艘战列舰、8艘重巡洋舰、13艘轻巡洋舰、67艘驱逐舰、约900架舰载机。另一支是胡佛指挥的岸基航空兵620架各型飞机。

第5舰队司令斯普鲁恩斯担任海上总指挥，尼米兹则坐镇珍珠港，实施全局指挥，并组织潜艇和后勤部队协同行动。

此役，美军共投入包括15艘航空母舰、14艘护航航空母舰、7艘战列舰、25艘巡洋舰、180艘驱逐舰、35艘潜艇在内的600余艘军舰，2000架飞机，地面部队4个师又1个旅，共计15万人。战役密语代号"征粮者"，登陆时间定于6月15日。

由于马里亚纳群岛的几大岛面积都比较大，日军防御兵力都有数万之众，美军必须投入优势兵力，实施宽正面登陆，以求迅速推进。这就对美军的后勤运输提出了很高的要求。

马里亚纳距离美军在中太平洋上最西面的基地埃尼威托克有1000海里，距离珍珠港3500海里，距离美国本土5000海里，后勤补给线非常漫长，运输船一年中只能往返两次。与此同时，欧洲的盟军也在组织诺曼底登陆，短期内不可能向太平洋战区调集更多船只。面对这种形势，美军参战部队必须全部集结在马里亚纳海域，但缺乏足够的登陆艇和两栖履带车，无法组织部队在几个岛上同时实施登陆，只得决定先夺取塞班岛，再攻打提尼安和关岛。但美军在攻打塞班岛时，提尼安和关岛的日军极可能乘机加强防御。最

搭载美军士兵的运输船

终，美军决定必须迅速攻占塞班岛。

　　除关岛外，美军对于马里亚纳群岛的情况知之甚少，而对日军的设防情况，美军更是一无所知。太平洋战争爆发后，美军飞机从未到过马里亚纳群岛。直到1944年2月，美军攻占埃尼威托克时，才出动航空母舰舰队的舰载机袭击了马里亚纳诸岛。在攻击机群中，美军特意派出了数架装备最先进照相侦察器材的飞机，对马里亚纳群岛进行了系统的照相侦察。直到此时，美军才掌握了日军在

美国海军陆战队员戴着防毒面具准备两栖登陆，进攻塞班岛

马里亚纳群岛的防御部署和机场情况，还将适合登陆的海滩完整地拍摄下来，为登陆作战提供了翔实而可靠的依据。

在制定作战计划的同时，美军各参战部队抓紧时间进行了针对性的战术训练和备战备航，岸基航空兵则不断袭击马里亚纳群岛和加罗林群岛，不给日本加强防御的时间，尽可能地削弱日本的防御力量。

3 月底，美军航空母舰舰队从马朱罗环礁出发，攻击了从特鲁克后撤至帕琉群岛的日本联合舰队，迫使日本联合舰队再次后撤到新加坡的林加锚地。同时，美军潜艇部队积极出击，严重破坏了日军的海上运输线，使得日军在马里亚纳的守备部队逐渐陷入孤立无援的境地，为即将发起的登陆作战创造了有利条件。

1944 年 6 月 6 日，诺曼底登陆战开始。在这人类历史上最大登陆战进行的同时，在中太平洋战场上，由斯普鲁恩斯指挥的第 5 舰队，气势雄壮，以米切尔庞大的第 58 特混舰队为开路先锋，从马绍尔群岛的马朱罗基地起航了。紧接着，美军 535 艘战斗舰艇和辅助舰艇，载运着近 13 万人的强师和武器装备，从四面八方浩浩荡荡地杀向马里亚纳群岛。

★美军的改组

正当特纳的联合远征军航渡之际，尼米兹却将美国太平洋舰队进行了改组。他将舰队分成了两套领导班子：当由斯普鲁恩斯

指挥这庞大的太平洋舰队时，它叫作第 5 舰队。而哈尔西也从麦克阿瑟总部调出，在尼米兹手下指挥这只舰队时，它又叫作第 3 舰队。这样，就可以一套班子进行计划、整顿，另一套班子进行作战，两套班子交替进行。改组的好处是可以加快太平洋战争的进程。另外，太平洋舰队所属全部两栖兵力由特纳指挥，米切尔的快速航空母舰舰队，当隶属斯普鲁恩斯时，叫作第 58 特混舰队。当隶属哈尔西时，叫作第 38 特混舰队，它和大部分炮火支援舰一样，几乎是连续作战的。尼米兹曾形象地说："车还是那套车，不过赶车的人却换了。"

代号"阿号作战"

在 1944 年 1 月开始的马绍尔群岛战役中，日本联合舰队不但没出海迎战，反而退至帛琉群岛，直接导致马绍尔群岛于 4 月失守。马绍尔群岛失守引起了日本内阁和陆军对海军的强烈不信任，甚至有些人提出放弃马里亚纳群岛。但日本大本营非常清楚马里亚纳的战略重要性，决定沿千岛群岛、小笠原群岛、马里亚纳群岛、加罗林群岛和新几内亚岛西部建立必须、绝对予以确保的防线——"绝对国防圈"，而马里亚纳则是该防线的核心。

自 1944 年 2 月起，日军开始着手加强马里亚纳群岛的防御。由于以前马里亚纳群岛是海军负责防御，岛上的陆军部队很有限，日本大本营便计划将在中国战场上的第 3 师团和第 13 师团调往中太平洋，以加强马里亚纳群岛地面部队的力量。但这两个师团在中国战场上一时无法脱身，日本大本营只好于 2 月 10 日将驻在中国东北的关东军第 29 师团调到马里亚纳，陆军部还将新组建 8 个支队，调到马里亚纳群岛。

2 月 25 日，日军大本营将中太平洋地区所有日本陆军部队整编为第 31 军，由小畑英良任军长，并规定第 31 军服从联合舰队司令调遣。从 3 月起，日军进一步动员大批船只向中太平洋地区调集部

小畑英良

队。至 5 月下旬，日本第 31 军已拥有 5 个师团又 8 个旅团，分别防守马里亚纳、特鲁克、小笠原和帛琉等岛屿。其中，部署在马里亚纳群岛的是 2 个师团又 2 个旅团，共 6 万余人。防御工事计划要到 11 月方能完成，此时才完成工程量的 50%，火炮掩体几乎没有，地雷和铁丝网也没铺设，总体防御根本谈不上坚固。而直到 1944 年 3 月，日本人才承认航空母舰已代替战列舰成为海军的最主要舰种，才着手对舰队进行改组。

日军的决战计划原由联合舰队司令古贺峰一主持制定。该决战计划企图在第一航空舰队和第一机动舰队的实力有所恢复后，寻找战机与美军决战，争取扭转战局，代号为"阿号作战"。

"动员全部兵力对付敌人的正面反攻，一举歼灭敌舰队，挫败其反攻企图。"不难看出，日本认为，在军事力量和军事潜力方面，美军拥有很大优势。在这种情况下，要想挫败美国海军咄咄逼人的攻势，急速改变战局，唯一的办法就是发动一场像珍珠港那样的庞大战役，一举夺回制海权。

然而，日本却先后失去了两名联合舰队司令，严重影响了日军的士气。

为了激励在所罗门前线苦战的日本官兵的士气，第一任联合舰队司令山本五十六决定乘飞机去布干维尔岛。1943 年 4 月 18 日，山本五十六和宇垣缠分乘两架飞机出发，在到达目的地 15 分钟前，遭到 20 架美国战斗机伏击。山本五十六的座机被击中坠毁，山本五十六当场阵亡。这一悲剧的发生是由于山本五十六视察行动的密码电报被美军破译而造成的。这一事件给日本全军的士气带来了极大的负面影响。

而另一位就是古贺峰一。山本五十六阵亡后，古贺峰一继任联合舰队司令。此时，日本海军处于防御作战的困境中。为了振作海军的士气，古贺峰一亲自率全军两次向马绍尔群岛一线出击。可是由于美国舰队行踪莫测，日本舰队没有抓到战机。就在古贺峰一出

日本国内为山本五十六举行国葬

击马绍尔群岛之际，美海军利用空中优势发动的逐岛进攻不断取得进展。因此，古贺峰·决定把作战防线后撤至马里亚纳群岛—西加罗林群岛—菲律宾—澳大利亚北部一线，企图利用有利的地理条件展开最后的大决战，并决心亲临前线指挥作战。

1944年3月27日，日本海军侦察机报告说在新几内亚北部发现美军特混舰队正向西挺进，同时，来自日本大本营的情报说，敌人的大批运输船正在同一海面向北移动。因此，古贺峰一决定和福留繁参谋长以及全体参谋分乘两架大型水上飞机，由帕劳群岛根据地飞往新的指挥地达沃。不料在飞行途中遭到强低气压袭击，古贺峰一于3月31日在前往菲律宾途中因座机遭遇暴风而机毁人亡。

在山本五十六阵亡时，乘坐2号机的宇垣缠得以幸存，而在古贺峰一蒙难时，也是乘坐2号机的福留繁参谋长大难不死。两位司令暴亡如同一层阴影笼罩着日本海军，显示出一种不祥的征兆。

丰田副武接任联合舰队司令的次日，即5月3日，就在东京湾的旗舰"大淀"号轻型巡洋舰上接到了日本大本营发起"阿号作战"的指令。随即，丰田副武向所属各部下达了作战指令。但日军大本营错误地判断加罗林群岛才是美军即将开始的进攻地点，因此马里亚纳群岛的防御准备被严重忽视了。

总之，预料到日美海军将展开全面冲突，日本海军官兵都相信那是"最后的一战"，因而日本方面竭尽全力，倾其囊底，以期必胜。此次决战计划之周密、用心之良苦，与中途岛一战全然不同，

甚至对一旦失掉战机将如何应付都事先进行了筹划。

这一"阿号作战"实际上是将水上部队主力和航空母舰部队主力攥成一只铁拳，在同一战场上合力出击。这一战斗将是双方首次大规模的交锋，也将是一次最后的决战。

根据"阿号作战"计划，日本第 5 岸基航空队和第 1 机动舰队的舰载航空兵将对来犯之敌实施两面夹击，以抵消美军航空母舰舰队舰载机在数量上的优势。第 5 岸基航空队分为 3 部分，分别部署在帛琉、马里亚纳和雅浦 3 地。每一处的航空队都拥有战斗机、轰炸机、攻击机和侦察机，一旦判明美军的攻击方向，该地的航空队就立即转移，以避其锋芒，然后再集中全力组织攻击。

日本大本营在起初计划中规定：如美军进攻马里亚纳，将不动用小泽治三郎的第 1 机动舰队，而只出动岸基航空兵迎敌。随着美军攻势日趋猛烈，一场命运攸关的海上大决战的爆发已经为时不远了。为此，日本除组建了小泽治三郎机动部队之外，还着手准备了另一支重要的作战力量——大规模的陆基航空部队。

这就是以提尼安岛为根据地的基地空军，也就是第 1 航空舰队，由日本大本营直接管辖，由空军专家角田觉治为指挥官，总兵力为 1644 架飞机，分别配备在提尼安岛、关岛、塞班岛、罗塔岛、硫黄岛、雅浦岛、帕劳群岛等各个机场。这样做有两个目的，一是企图使用陆基航空兵打击美军在这一战区内登陆作战，同时，有力地支援小泽治三郎的机动部队（拥有飞机 445 架），二是根据情况，充

在塔威塔威驻泊的日本"大凤"号航空母舰

分发挥这一比航空母舰部队还要雄厚优越的空中决战力量。

如果这一精心制定的作战方案得以顺利进行，马里亚纳海战大获全胜不是不可能的，全歼塞班岛登陆的美军也毫无问题。

后来，由于分配给小泽治三郎的油船数量有所增加，才改为小泽治三郎的舰队也加入马里亚纳群岛作战。小泽治三郎的机动舰队最初大部停泊在林加锚地，小部停泊在濑户内海，都在抓紧进行战前训练。根据日本联合舰队下达的"阿号作战"指令，停泊在林加

84 式战斗机是日本战争后期陆基战斗机的主要机型之一

锚地和濑户内海的军舰于 5 月 11 日和 12 日分别起航，5 月 14 日和 15 日先后到达菲律宾南部的塔威塔威。

小泽治三郎之所以选择塔威塔威作为集结地，是因为该地距离计划中的决战海域较近，便于及时出击。而且靠近婆罗洲的油田，婆罗洲出产的石油质量很高，不必经过冶炼就可直接供军舰使用，这样就不必依靠屡遭美军潜艇破袭的交通线来补充燃料。

不料到达塔威塔威后，原准备刚完成基本飞行科目的舰载航空兵再进行海上合练，却因为美军潜艇在该海域活动非常频繁，因此几乎无法出海训练，而塔威塔威岛上又没有合适的飞行训练基地。日本第 1 机动舰队那些飞行技术本来就不高的飞行员有将近 1 个月的时间中断了训练，战斗力也就可想而知。而美军飞行员平均飞行时间在 500 小时以上，大都具有战斗经验，还配有换班机组人员，以供轮番出战。美日双方空军战斗力相差不能不说悬殊。

由于种种原因，日军作战计划遭受挫折。结果，日军 1644 架飞机中只有 20% 能够起飞参战。而且，在美军大规模空袭之下，除取得了微乎其微的一点儿局部胜利之外，日本飞机基本上没有什么战果。据说，主要原因在于日军飞行员技术不过硬。

不难设想，如果不给飞行员训练的时间和机会，他们怎么会拥有高超的飞行技术呢？航空母舰上的舰载机驾驶员的情况也是如此。将技术低劣的飞行员投入战场，战斗的结果可想而知。因而，这次作战失败之罪责不应该由他们承担，而应该由无休止地驱使他

们作战的陆海军首脑负责。

在中途岛海战中，由于筹划失策而损失了无数有战斗经验的飞行员。在所罗门消耗战中，日本海军也同样遭到很大损失。当然，日本海军为加强和扩充空中兵力曾付出了极大的努力。但是，时间不等人。日本大本营估计，要恢复上述基地航空部队的实力，需要一年时间。在日益紧迫的战局面前，一年的时间是多么漫长啊。然而，从当时日本军队处于严重的"营养失调"这一现实状况来看，用一年的时间来恢复实力也是符合实际情况的。况且，补充战机以及训练作战人员使之战斗化又是一件极不容易的事情。

日本彗星式轰炸机

早在 1943 年 7 月，即所罗门消耗战末期，日本就制定了加强空中力量的计划，但是进展一直不理想。直到进入 1944 年，这一计划才好不容易初见曙光，战斗机数量比称雄一时的零式战斗机（该机曾使美军心惊胆颤）增加了 1 倍（52 型零式战斗机，紫电型、雷电型飞机），至于彗星轰炸机、天山鱼雷攻击机的性能则大大超过了美国，并已着手大批制造。如果有足够的技术熟练的飞行员来掌握这批性能优良的战机，日军也许不至于败给美军。

就像联合舰队的战舰不得不常驻南方的石油产地一样，飞机如果不去南方，飞行训练也无法实施。虽然从 3 月初开始，航空母舰就已经南下了，但是，由于美军的空袭十分猛烈，加之美国潜艇活动相当活跃，航空母舰无法在海面上进行训练。更有甚者，进入 5 月以后，整整有 1 个多月的时间停止了训练，就连操作熟练的飞行员的技术也有所下降，真可谓祸不单行。

如果有足够的训练时间，拼死下一番功夫苦练，或许对战局有所裨益。但是，美军的进攻速度之快大大出人意料，至少比日本所预期的时间要早半年。正因为如此，为了应付迅速降临的战斗，从 1944 年 2 月中旬开始，日本方面便急如星火地将大批飞机运往内南洋基地（并不是成批地运输，而是陆陆续续地进驻），把它们分配在内南洋的 12 个基地，如上所述，总计 1644 架飞机。这是一支相当强大的空中打击力量。但是不久，鉴于战况紧急，一部分被调到澳大利亚北部，这是由于后面将要叙述的对"决战海面"判断错误

而造成的。当时，日军作战陷入极其混乱的状态中，飞机刚刚抵达比亚克岛，又立即返回帕劳，然后再转战至哈马黑拉，最后又匆匆忙忙地飞回提尼安和塞班岛。就这样，在连续西移东调之中多次发生飞行事故，又损失了一批飞机，这种转战飞行，对于飞行技术低劣的日本驾驶员来说也是一个大灾难。

日本"大和"号战列舰

★日本第一机动部队

这其中，最重要的一支力量是已故古贺峰一所组建的"第一机动部队"。这支舰队集结在婆罗洲北方的塔威塔威岛待机。该舰队的特点是以航空母舰为主力，以舰载机为主要的攻击武器，将战列舰置于警戒护卫的地位。新的编制与山本五十六时代相比已有明显不同，因为战争至此，海战的方式已经发生了根本性的变化。

新编的第一机动部队的兵力状况如下：

第一机动部队（小泽治三郎指挥）。

第3舰队（小泽治三郎直接指挥）：

第1航空战队由"大凤"号航空母舰、"瑞鹤"号航空母舰、"翔鹤"号航空母舰上的舰载机组成。

第2航空战队由"隼鹰"号航空母舰、"飞鹰"号航空母舰、"龙凤"号航空母舰上的舰载机组成。

第3航空战队由"千岁"号航空母舰、"千代田"水上飞机航空母舰、"瑞凤"号轻型航空母舰上的舰载机组成。

第10水雷战队由"矢矧"号巡洋舰以及15艘驱逐舰组成。

第2舰队（栗田健男指挥）：

第1战队由"大和"号战列舰、"武藏"号战列舰、"长门"号战列舰组成。

第3战队由"金刚"号战列舰、"榛名"号战列舰组成。

第 4 战队由"爱宕"号重巡洋舰、"高雄"号重巡洋舰、"摩耶"号重巡洋舰、"鸟海"号重巡洋舰组成。

第 5 战队由"妙高"号重巡洋舰、"羽黑"号重巡洋舰组成。

第 7 战队由"熊野"号重巡洋舰、"铃谷"号重巡洋舰、"利根"号重巡洋舰、"筑摩"号重巡洋舰组成。

第 2 水雷战队由"能代"号巡洋舰以及 14 艘驱逐舰组成。

第四章

马里亚纳海大决战

"没有目标"的防御

1944年6月初，美军参战各部在马朱罗环礁集结完毕，并做好了一切作战准备。

6月3日起，美军的飞机和军舰对马里亚纳群岛和邻近岛屿开始进行预先炮火攻击。

6月6日，米切尔率领第58特混舰队从马朱罗环礁出发，向马里亚纳群岛驶去。斯普鲁恩斯乘坐"印第安纳波利斯"号重巡洋舰随舰队出海。由特纳指挥的登陆舰队则在航空母舰舰队后面跟进。在舰艇编队进行海上航渡时，由胡佛指挥的岸基航空兵和西南太平洋战区所属的航空兵，对加罗林群岛日军机场进行频繁空袭，给了那里的日军航空力量以沉重打击，使其无力支援马里亚纳群岛的日军，保障了登陆部队航渡的安全。

美军此次进攻方式与日军1942年6月袭击中途岛颇为相似，都是远涉重洋，深入对方腹地。其主要的区别在于，1942年日军不知美国舰队的具体位置，结果遭到美军突然反击，而此次美军对日本舰队的位置却了如指掌。美军知道日本联合舰队主力就在苏禄群岛的塔威塔威岛海域。为了监视日本舰队的动向，美军将潜艇部署在吕宋岛以北、棉兰老岛以南以及圣贝纳迪诺海峡东口等处，另有

美国"印第安纳波利斯"号重巡洋舰

一些美国潜艇在菲律宾海和菲律宾与马里亚纳群岛之间的太平洋海域内巡逻，织成了一张严密的监视网络。

而此时日本还在纠结美军"反攻的主要矛头究竟指向何方"。换言之，捕捉实施主攻任务的美国舰队进行决死一战的战场到底在哪里？为了充分做好迎击作战的准备，日军必须要对此进行正确的判断。然而，正确地进行判断，实际上相当困难。因为作战的主导权在美国一方而不在日本一方。日军根据侦察能手在早于6月1日深入侦察的结果判明，美军首先从比亚克登陆，然后空袭塞班、提尼安、硫黄岛，美国的大舰队将集结于马绍尔群岛的马朱罗基地。

从上述情报进行分析，美军主攻方向可能是澳大利亚北部，可能是塞班，也可能是帕劳。对于这3个方面，日本军队即使搞清其中一处，恐怕也难以确定哪些重点海域的军事能力应加强。因此，"阿号作战"的指挥者不得不指示主要战场应该是"从中部太平洋起，直到菲律宾以及澳大利亚北部的海域"。

不客气地说，这个关于主要战场的指示简直等于没指示。换句话说，这道指令意味着要部队做好能够适应上述 3 地的各种作战准备，这实际上是根本无法做到的事情。未能向部队明确指出重点作战战场，完全是日本联合舰队首脑们的责任。

美国军舰舰队的主攻海域究竟在哪里呢？舰队首脑们在旗舰

日本"大淀"号轻巡洋舰

"大淀"号轻型巡洋舰上曾进行了反复的研究，结果认为，帛琉方面有 50% 的可能性，澳大利亚北部方面有 40% 的可能性，塞班岛方面的可能性最小，只有 10%。当时，认为塞班方面可能性最大的唯有情报参谋中岛亲孝 1 人。

然而，从眼下的战局来看，美军已经登陆比亚克岛，塞班岛方面自然就成了争夺的重要地点，如果美军在这里建起飞机场，菲律宾岛南部、帛琉都将进入美军 B-24 式重型轰炸机的轰炸范围之内，作战区域便由 2 个变成 1 个，因而日本应该首先投入比亚克岛争夺战。这样一来，美军的机动部队也有可能参与这一争夺战。如果作战成功，那么，帛琉方面和菲律宾方面就有可能从困境中被解救出来。

日方采取的具体步骤是：把小泽治三郎的航空母舰部队和栗田健男的战舰部队集结到婆罗洲北端的塔威塔威（该点与帕劳、比亚克两岛距离相等），然后进一步从提尼安方面抽调舰队的一部分和基地航空部队的 480 架飞机，向哈马黑拉（该岛也和帕劳、比亚克距离相等）前进，旨在挑起比亚克岛争夺战，这就是所谓的"浑作战"。此次作战于 6 月 3 日发动，13 日截止，其间日军曾 2 次出击，先后都以失败告终，遭到美军耻笑。

★日军在太平洋上的战略防御

在太平洋上的战略防御体系上，日军依托一系列岛屿所形成

的三条岛链，第一条岛链从南到北依次是吉尔伯特群岛、马绍尔群岛、威克岛、阿留申群岛；第二条岛链依次是新几内亚群岛、马里亚纳群岛、硫黄列岛、小笠原群岛；第三条岛链依次是菲律宾群岛、台湾岛、琉球群岛，再由东西向的加罗林群岛连接，形成一个蜘蛛网状的战略防御态势。曾有一位日本海军的将军感慨地说："这些岛屿就像是为日本量身定做的。"

　　的确，日军凭借这些链条组织起坚固防御。日军企图凭借这些岛屿消耗美军舰队，并适时出动联合舰队，进行一场海上决战，迫使美国承认日本在西太平洋上的霸主地位，然后体面地媾和。

磨刀霍霍准备决战

就在日本海军主力向比亚克岛发动"浑作战"的同时，美军机动部队主力从比亚克岛调转矛头，于6月11日突然出现在关岛以东170海里海域，对马里亚纳群岛中的塞班、提尼安、关岛、罗塔岛4个基地同时发动了空袭。

6月11日，美军第58特混舰队到达关岛以东200海里处，出动舰载机开始空袭马里亚纳群岛，击落、击毁日本147架飞机，几乎将这些岛屿上的日军航空兵力全部消灭。

同时，米切尔派威利斯·李率领7艘战列舰和11艘驱逐舰，对塞班岛和提尼安岛进行了舰炮火力攻击，共发射1.1万发炮弹。但这些军舰没有接受过对岸精确射击训练，而且炮击距离达4000米，发射速度又太快，致使炮弹爆炸的硝烟遮掩住了目标，炮击效果很不理想。

6月12日，美军空袭进一步加剧。日本基地空军遭到了非常沉重的打击。据不完全统计，日本损失不下500余架飞机。角田基地空军实力大减、士气不振是与"对战场的误判"密切相连的。至此，可以说只有中岛亲孝1人的判断是正确的。

6月13日拂晓，美军7艘战列舰、6艘重巡洋舰、5艘轻巡洋

舰和 26 艘驱逐舰组成火力支援群，由奥登多夫指挥，对塞班岛和提尼安岛进行了慢速精确射击，摧毁了岛上日军的许多防御工事。

美军如此向塞班实施猛烈的舰炮轰击，证明了他们确实有在塞班岛登陆的意图。于是，日本大本营立即命令尚在 3000 海里之外的小泽治三郎舰队北进出击。同时，日本大本营也向提尼安的基地航空部队下达了紧急动员令。可是，由于两天前惨遭美国飞机空袭，提尼安的基地航空部队已支离破碎。在那时，唯有塞班岛上的

美军轰炸塞班岛上的日军水上飞机基地

塞班岛滩头作战中的美国海军陆战队

守备部队在顽强地进行抵抗。指望小泽治三郎舰队抵达战场以及基地空军再次增援，显然还需要一段时间。

然而，噩耗已经传来，位于日本生命线北端战略位置极为重要的塞班岛，由于受到长达 7 个小时的舰炮轰击，第一道防线已被击溃，美军轻而易举地登陆成功，日本守备部队拼死抵抗也无力扭转败局。仅仅 3 个星期，塞班岛就被美军完全占领。

面对这种惨局，纵然把抵抗不力等等罪名全部加在陆军和海军头上又有什么用呢？如果以"参谋总长东条英机对坚守一事已下了绝对保证"为理由而把罪名加给日本陆军的话，那么海军判断主要战场在帕劳和比亚克岛，从而听任美国军舰队轻松自如地炮击塞班岛，不也是难逃罪责吗？

当然，陆军在塞班岛修建的防御工事也是相当敷衍的。原来，他们悲观地认为，无论多么坚固的防御工事，在敌舰炮火面前都必将是不堪一击的，所以防御工事仅仅使用了土堤和木材。有位日本陆军参谋曾经扬言说："倘若敌人进攻塞班岛，定叫他有来无回。"从这点来看，日本陆军仍然相当轻视美国陆军的进攻能力。

美军航空母舰编队航行在马里亚纳海域

　　进攻塞班岛的设想早在 1943 年 1 月的卡萨布兰卡会议（美英参谋长联合委员会会议）上就已经提出，在同年 8 月的魁北克会议上才对此做出了决定。1943 年 10 月 25 日，美国参谋长联席会议决定把反攻塞班岛的时间定在 1944 年 7 月，并预定在占领塞班岛之后于 10 月 1 日建成 B-29 式轰炸机基地。面对这些事实，日本"大本营"竟然像个聋哑人似的，一无所知。而实际上，美军的这次进攻可以说是按照 1 年半以前制定的反攻方案进行的。

　　美军潜艇部队对日本联合舰队主力所在地塔威塔威进行了严密的封锁和监视。3 艘潜艇在塔威塔威锚地的入口，3 艘潜艇在吕宋岛以北，3 艘潜艇在棉兰老岛以南，1 艘潜艇在圣贝纳迪诺海峡东口，1 艘潜艇在苏里高海峡东口，此外还有一些潜艇在菲律宾海和菲律宾与马里亚纳群岛之间海域巡逻。

　　1944 年 6 月 10 日至 6 月 13 日，上述潜艇先后发现有日本舰队从塔威塔威出发，他们及时向斯普鲁恩斯报告。斯普鲁恩斯根据潜艇的报告，计算出日本舰队在 17 日前不会进入马里亚纳海域，便命令第 58 特混舰队按预定计划于 14 日分头行动。

　　6 月 14 日，美军第 58 特混舰队兵分两路，克拉克指挥第 1 和第 4 特混大队，共 7 艘航空母舰、8 艘巡洋舰和 28 艘驱逐舰，北上空袭硫黄岛的日军，以阻止日军从北面支援马里亚纳群岛。米切尔亲自指挥第 2 和第 3 特混大队，共 8 艘航空母舰、8 艘巡洋舰和 25 艘驱逐舰，进至马里亚纳群岛以西，以便随时截击来犯的日本舰

队，保护登陆编队的安全。

同一天，在火力支援群掩护下，美军水下爆破队对登陆地点进行水下侦察和探测，将影响登陆的暗礁炸毁，并标示出通行航道。

与此同时，日本联合舰队的主力第 1 机动舰队正在步步逼近。早在 6 月 9 日，日军侦察机就发现停泊在马朱罗锚地的大批美国军舰失踪了，丰田副武由此推测美军即将发动一场大规模的进攻，便

"印第安纳波利斯"号重巡洋舰正在炮击

于 6 月 10 日命令各部做好战斗准备。但直到此时，日军还认为美军的主攻方向是在新几内亚岛西北部和加罗林群岛西部，将帛琉群岛海域作为决战地域。6 月 11 日，美军航空母舰舰队开始袭击马里亚纳群岛，日军仍认为这是美军的牵制性行动。直到 6 月 13 日，美军登陆舰队出现在塞班岛海域，开始炮击塞班岛，日军这才清楚了美军的意图。丰田副武于当天 17 点 30 分下令暂停在比阿岛的"浑作战"，准备实施"阿号作战"，并命令第 1 机动舰队和第 5 岸基航空部队把调去参加"浑作战"的部队火速归还建制。

此时，第 5 岸基航空部队已在"浑作战"中遭到不小的消耗，而且飞行员中很多人得了登革热病，无法执行作战任务。日军只得从横须贺海军航空兵中抽调 120 架飞机组成八幡航空队，由松永贞市任司令，火速南下参战。

只要舰队决战能够取胜，即使塞班岛一时失陷，重新夺回来也大有希望。如果真能这样，或许还可以给日本在太平洋战争中的结局带来一线光明。小泽治三郎舰队在连夜装填重油 10800 吨之后，在 7 艘加油船伴随下，立即向北进发了。

途中，小泽治三郎舰队的主力又同参加"浑作战"的"武藏"号战列舰、"大和"号战列舰等舰只会合。航行中，日本军舰编队 2 次排除了美国潜艇的威胁，于 6 月 18 日 15 点到达塞班岛以西 500 海里处。这对于因燃料不足而尽量控制其作战半径的舰队来说，对将塞班岛列为第三决战战场的日本海军来说，不能不说是

马里亚纳海战形势图

一次壮举。

　　小泽治三郎率机动舰队除参加"浑作战"以外的军舰于13日从塔威塔威出发，前往吉马拉斯岛完成战前训练，就在航行途中接到丰田副武实施"阿号作战"的指令，一面率领舰队兼程北上，一面命令宇桓缠指挥参加"浑作战"的舰只火速返回。

　　14日黄昏，小泽治三郎所部到达吉马拉斯岛，连夜进行补给。15日一早，他就率领舰队离开吉马拉斯岛，穿过圣贝纳迪诺海峡，进入太平洋。16日15点，小泽治三郎所部与宇桓缠率领的舰只在萨马岛以东海域会合，一齐东进。

　　17 日 15 点 30 分，日本机动舰队所有军舰进行了海上加油，并完成了最后的战斗准备。小泽治三郎命令补给船只西撤，自己率领 9 艘航空母舰（共搭载 439 架舰载机）、5 艘战列舰、14 艘巡洋舰和 31 艘驱逐舰继续向东。不久，他就接到丰田副武发来的电报："皇国兴废，在此一战，全体将士务须全力奋战！"

　　小泽治三郎随即将这一电报通报全体官兵，并在旗舰"大凤"号航空母舰主桅上升起了"Z"字旗——"Z"字旗是 30 多年前对

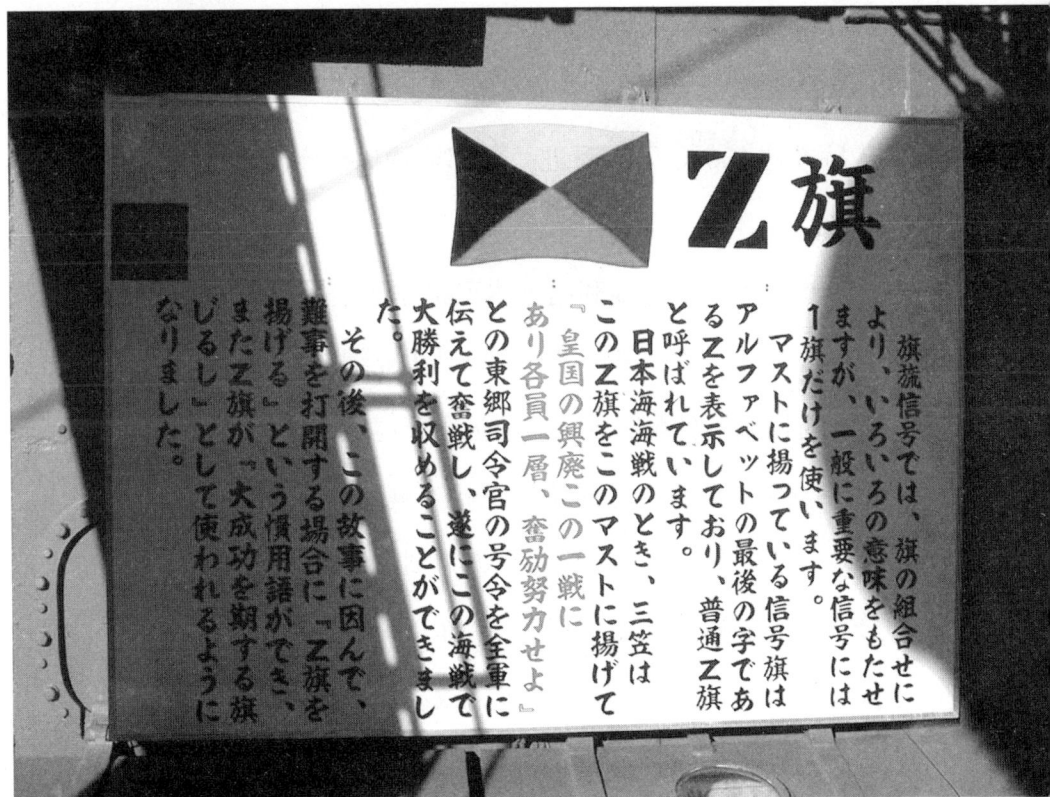

"Z"字旗

马海战中，日本海军的"军神"东乡平八郎在其旗舰"三笠"号战列舰上升起的战旗。从此以后，"Z"字旗就成为日本海军胜利的象征。小泽治三郎如此做无非是想借这面旗帜重振士气。

小泽治三郎将日本机动舰队分为3部队：第3航空战队为前卫，由粟田健男指挥，率领3艘轻型航空母舰、4艘战列舰、9艘巡洋舰和12艘驱逐舰、90架舰载机；第1航空战队由小泽治三郎亲自指挥，共有3艘大型航空母舰、4艘巡洋舰和12艘驱逐舰、214架舰载机；第2航空战队由城岛高次率领，共1艘大型航空母舰、2艘轻型航空母舰、1艘战列舰、1艘巡洋舰和7艘驱逐舰、135架舰载机。第1航空战队和第2航空战队两队在第3航空战队队后方约100海里处跟进。各部队均以航空母舰为核心排成环形队形。

小泽治三郎计划利用日本飞机作战半径大于美国飞机的优势，与美军舰队保持一定距离，先以马里亚纳群岛的岸基航空兵攻击美军，再以航空母舰舰载机从超远距离起飞，攻击完美军后在马里亚纳群岛机场降落，这样就能使日本舰队始终处在美军攻击范围之外。表面上看来，这是个不错的计划，但马里亚纳群岛上的绝大部分岸基航空兵已经被美军消灭，而岛上的日军为了保全面子，没有如实将情况通报给小泽治三郎，致使这一计划从一开始就建立在自欺欺人的基础上。

在美国方面，15日傍晚，"飞鱼"号潜艇发现了刚驶出圣贝纳迪诺海峡的小泽治三郎舰队。15日深夜，美军"海马"号潜艇则发现了在苏里高海峡东南航行的宇桓缠舰队。斯普鲁恩斯接到有关上述潜艇的报告，知道日军至少有两支舰队正向塞班岛驶来，考虑到日军常采取分兵合击迂回包抄的战术，为确保登陆舰队的安全，斯普鲁恩斯决定推迟对关岛的进攻，计划在关岛登陆的部队暂向东规避。16日，斯普鲁恩斯与特纳讨论了战局，确定以应付日本舰队的进攻为当务之急，并临时从登陆舰队中抽调5艘重巡洋舰、3艘轻巡洋舰、21艘驱逐舰，加强航空母舰舰队的警戒力量。同时，斯普鲁恩斯命令北上攻击硫黄岛的两个特混大队迅速返回，集中全力对付日本舰队。

14日北上的第1和第4特混大队，于15日和16日连续两天对硫黄岛及父岛、母岛进行了空袭，共击毁日本约130架飞机，并严重破坏了这些岛屿的机场，美军只损失4架飞机，彻底消除了日军硫黄列岛地区的岸基航空兵协同小泽治三郎舰队夹击美军的企图。

16日17点，第1和第4特混大队收回了出击的飞机，开始南返，并于18日中午在提尼安岛以西150海里处与第2和第3特混大队会合。当第58特混舰队的4个大队会合后，尼米兹提醒斯普鲁恩斯并判断日军可能以航空母舰舰载机先在美军飞机攻击距离之外发动空袭，然后到塞班岛和关岛机场降落加油挂弹，再飞回航空母舰，中途还能再次对美军舰队进行打击，即所谓的"穿梭轰炸"，

塞班岛上的日本飞机残骸

最后再以战列舰和巡洋舰实施炮火攻击。因此，尼米兹决定组建一
支由战列舰和巡洋舰组成的编队，部署在航空母舰舰队以西海域，
构成第一道屏障。如果日本飞机前来攻击，首先就会遭到该编队的
防空炮火拦截，这样就可以转移对航空母舰舰队的攻击，减轻航空
母舰舰队的压力。如果日军战列舰杀来，也必须先和该编队交锋，
这样就可以有效掩护航空母舰舰队，保存空中打击力量。尼米兹于
17日14点下达了作战命令。

根据尼米兹的计划，米切尔抽调 7 艘快速战列舰、4 艘重巡洋舰和 14 艘驱逐舰，组成新的特混大队，由威利斯·李指挥，部署在最西侧海域。此时，第 58 特混舰队就变成了 5 个大队，共有 15 艘航空母舰、7 艘战列舰、24 艘巡洋舰和 74 艘驱逐舰，共 891 架航空母舰舰载机，加上战列舰、巡洋舰所搭载的水上飞机，共计

美军用高射机枪对日机射击

965 架飞机。

6 月 17 日，美国"棘鳍"号潜艇在北纬 12°23′、东经 132°26′ 处发现约 15 艘日本军舰正以 20 节的航速向马里亚纳群岛开进。日军企图把舰队置于盟军侦察机的活动范围之外。美国太平洋舰队潜艇部队司令下令潜艇向西南方向移动 250 海里，挡住敌军舰艇的去路。

斯普鲁恩斯根据潜艇的多次来电确定，海面上至少有两支日本编队，他担心登陆塞班岛的美军遭受日本海军舰队的腹背攻击，因而要求米切尔的兵力在未接到命令前，不要离开马里亚纳群岛。

据美军情报分析，日军机动舰队由小泽治三郎指挥。他的舰队拥有 9 艘快速航空母舰，而美军第 58 特混舰队有 15 艘航空母舰。在即将开始的战斗中，无论是舰艇和飞机的数量，还是海员及飞行员的素质，美军都占有优势。但小泽治三郎也有一定的有利条件：日军经过改制的轰炸机和鱼雷机已成功地把战斗距离延伸到 400 海里，而美国飞机仅能在 280 海里的半径中作战。同时，小泽治三郎还可以在关岛、罗塔岛和雅普岛等处日本机场加油加弹，从而大大提高作战半径。

美军尽管存在不利条件，但尼米兹以及太平洋舰队的领导人对即将来临的决战还是充满了必胜的信心。有新闻记者问："日本广播电台宣称，'一场大海战即将开始'，你对此有何看法呢？"尼米兹回答："我希望他们讲的是真话。我真不知道怎样才能把他们引出来打一场大仗。"

18日下午，美军5个大队均呈环状防空队形，每个大队之间相距12海里至15海里，所有航空母舰都与风向成90°，以便随时转向逆风起飞飞机或顺风接受飞机降落。至此，美军已完成了临战准备。但直到黄昏，美军派出的多架侦察机也没发现日本舰队。

斯普鲁恩斯为防备日军从侧翼迂回攻击登陆滩头，特地指示米切尔不要远离马里亚纳群岛，白天西进，入夜后则东返。天黑后，第58特混舰队最远到达距塞班岛西南270海里处，仍未发现日本舰队，便掉头东返。

美军空袭日本占领的提尼安岛

深夜，珍珠港的美军无线电测向站根据侦听到的日军无线电信号，报告日本舰队在特混舰队西南 355 海里处。米切尔觉得应改变预定计划，趁着天亮前的几小时西进，以便将日本舰队纳入舰载机的攻击范围。次日拂晓发起攻击，米切尔马上将这一意图向斯普鲁恩斯请示。斯普鲁恩斯接到米切尔的请示，立即在旗舰的作战室召集参谋军官研究。尽管他也很想抓住这一战机，消灭日军的航空母舰部队，但谨小慎微的他认为，还是应该以保护登陆编队和登陆滩

在塞班岛海域的美军"企业"号航空母舰，已经采用迷彩伪装涂色

头为首要任务。况且日本舰队的具体确切位置，无线电测向与潜艇报告的还有出入。

鉴于现在还无法确定日本舰队的具体位置，斯普鲁恩斯答复米切尔，在切实掌握日本舰队位置之前，暂不西进。这一命令使得米切尔和特混大队的司令极为不满——他们认为，将第58特混舰队这样一支具有极强突击力的舰队仅作为登陆编队的守护者，实在是大材小用了。战后，斯普鲁恩斯也因为这样一个保守谨慎的决策而招致很多人指责。但米切尔还是遵照了他的命令，19日拂晓将编队部署在塞班岛西南90海里处。

米切尔和他的飞行员们为此大失所望，认为斯普鲁恩斯使他们坐失良机。米切尔痛苦地抱怨道："敌人跑了，它曾一度处于我攻击范围内。"飞行员普遍埋怨"这是非飞行员指挥飞行员带来的结果"。

直到第二次世界大战结束，斯普鲁恩斯的战术才被证明是完全正确的——从缴获的日军档案来看，6月19日那天，斯普鲁恩斯凭他的运气或直觉把第58特混舰队部署在最理想的位置上。

当时，小泽治三郎已将最强大的高射火炮舰艇组成了3个环形大队，每个大队中间有1艘轻型航空母舰，并置于重型航空母舰100海里之前。米切尔的飞机若要攻击重型航空母舰，必须穿过密集的高射炮火以及敌军先头舰队的空中攻击，然后再往前飞行100海里。返航时仍要飞行100海里，还要受到上述高射炮火和舰载敌

机的拦击。如果米切尔果真实施这种打法，他的飞机损失将会是灾难性的。

米切尔担心日本舰队和马里亚纳群岛的岸基航空兵实施两面夹击，虽然塞班岛机场已被美军登陆部队攻占，但关岛和罗塔岛的机场还有日军飞机。因此，米切尔先发制人，于19日清晨出动飞机攻击这两座岛屿上的日军机场，将正准备起飞的35架日本飞机大部消灭，并破坏了机场设施，消除了腹背受敌的隐患。同时，他率领舰队向西南航行，随时准备攻击来犯的日本舰队，然而直到此时他还未查清日本舰队的具体位置。

小泽治三郎的舰队到底在哪里呢？原来，小泽治三郎吸取了中

美舰队攻击关岛

途岛海战的经验教训，从 18 日起就派出多架侦察机严密搜索，并于下午发现了美军舰队，只是因天色将黑，飞行员多未接受过夜航训练，才没出动飞机，而是命令丙编队向东，自己则率甲乙两支编队向南，在美军飞机作战半径之外过夜，等待次日天亮后再出击。

19 日日出前，小泽治三郎先后派出了战列舰和巡洋舰所携带的 44 架水上飞机进行侦察，6 点 45 分后，就数次接到发现美军舰队的报告：美军舰队在己方前卫 300 海里外，本队 400 海里外。小泽治三郎知道日本飞机没有美国飞机的装甲防护和自封油箱，作战半径比美军大 100 海里，达 300 海里，现在正是进行超远距离穿梭攻击的大好机会，便下令攻击。

日本侦察机回电报告说，美国舰队在海面上几乎集结了全部兵力，其兵力的分布是：

第一舰群，2 艘大型航空母舰，15 艘军舰；

第二舰群，3 艘大型航空母舰，20 艘军舰；

第三舰群，2 艘大型航空母舰，16 艘军舰；

第四舰群，4 艘航空母舰，30 艘各种军舰。

把上述侦察结果进行综合分析后，小泽治三郎得知美国军舰队除了 7 艘大型航空母舰之外，还配备了 8 艘以上轻型航空母舰，10 艘以上护航航空母舰，其他军舰总计达 80 艘。后来得知，当时美国军舰队的总兵力实际上是 7 艘大型航空母舰，8 艘轻型航空母舰，14 艘护航航空母舰，14 艘战列舰，10 艘重型巡洋舰，11 艘轻型巡

洋舰，4艘防空巡洋舰，86艘驱逐舰，合计154艘——显然这是一支实力相当庞大的舰队。美国海军在同一海域集结这么大的兵力，其目的就是在马里亚纳群岛海面挑起一场美日海军大决战。

当时，日本侦察机所发现的只是美军第一线兵力，另外，还有约1/3的兵力在100海里以外的后方海域上待机，其用意是当两军厮杀之后各有伤亡时，以此精锐力量再发动第二次会战，以期最后歼灭日本舰队。由此可知，美国军舰实力之雄厚是相当惊人的。日美之间的兵力为1：3。

随着小泽治三郎舰队进入菲律宾海，双方舰队发觉彼此存在后，这场史上最大的航空母舰大战即将拉开序幕。

★小泽治三郎的计划

令人吃惊的是，小泽治三郎态度安然，对胜利充满了信心。原来，在此次海战中，他计划以不损失日本航空母舰一根毫毛而将美航空母舰，尤其是大型航空母舰吃掉一半，从而取得决定性胜利，真可谓胆量如斗，斗志高昂。原来，小泽治三郎心中早有自以为万无一失的作战方法，那就是"外围歼击"战术。

按一般常规，等距离的相互厮杀，敌我双方的损失应该是相同的。如果真如此，日本舰队不仅不能取胜，反而因势力逐渐减弱而最终导致失败。因此，唯一的方法就是必须从对方火力达不到的位置上全力杀出，而且，日方还必须首先发现敌人。如果具备这两个

天山式舰载鱼雷轰炸机

前提的话，日本舰队取得海战的胜利也并不是不可能。日本 52 型战斗机和彗星型轰炸机、天山型轰炸机以及鱼雷攻击机都已把战斗半径成功地扩大到 400 海里。据推断，美国各种类型的飞机由于格鲁式战斗机续航力的限制，往返行程仅达 220 ～ 280 海里。

因此，日本决定采取的战术是：从 380 海里的距离上实施第一次进攻，给美国军舰以先发制人的打击。在敌人混乱之际，再发起 200 海里乃至 250 海里的攻击。

"马里亚纳猎火鸡"

7点25分，日军第一攻击波丙编队64架飞机在中本道次郎指挥下出击，其中14架战斗机、7架鱼雷机、43架战斗轰炸机。日军在1943年10月圣克鲁斯海战中，轰炸机几乎损失殆尽，而战斗机则大部分平安返回，在此情况下发展起来战斗轰炸机，原来的战斗机挂载60千克炸弹，经过改装后，战斗机可以挂载250千克炸弹，实施对舰攻击。1943年年底开始进行训练，至现在已经成为日本机动舰队的主要攻击手段。

9点，美军通过雷达发现在150海里外有日本飞机，米切尔命令甲板上待命的所有飞机起飞：战斗机前去拦截日本飞机，轰炸机和鱼雷机则因为日本舰队在攻击距离之外，只得向东规避到安全空域。美军共有250架恶妇式战斗机起飞迎战。上升到7600米高度后，恶妇式战斗机由航空母舰上的空中控制官引导接敌，在距航空母舰70海里处上空对日本飞机进行居高临下的攻击。结果，它们一举击落日本25架飞机，而美国方面仅损失1架飞机。其余日本飞机突破美国飞机拦截，攻击了美军的战列舰编队，但只有"南达科他"号战列舰被命中一枚炸弹，导致27人死亡，23人受伤。最后，在美国军舰密集的高射炮火射击下，又有16架日本飞机被击

"大黄蜂"号航空母舰上的"恶妇"机群

落。这一战，日本共损失 41 架飞机，仅 23 架飞机得以返回母舰。一位美国飞行员说："日本飞机像树叶一样地往下落。"

8 点 05 分，日军第二攻击波甲编队 128 架飞机由深川静夫为空中指挥，其中 48 架战斗机、27 架鱼雷机、53 架轰炸机。刚起飞，一架轰炸机就发现海面上有六条射向"大凤"号航空母舰的鱼雷航迹，便按下机头将其中一枚鱼雷撞毁。

8 点 40 分，日军第二攻击波机群经过日本前卫第三航空战队时，被自己人误认成美国飞机，遭到攻击，又损失了 2 架飞机。

10 点，日军第二攻击波机群遭到了美国飞机拦截，空战进入高潮。作战经验丰富的美军飞行员大开杀戒，"埃塞克斯"号航空母舰的战斗机大队长麦坎贝尔身先士卒，率队向日本飞机猛冲猛打，一举击落 4 架日本飞机；"列克星敦"号航空母舰的战斗机飞行员弗雷西尔驾着飞机冲入日本飞机机群，在 60 米处近距离连连开火，仅耗弹 360 发就击落 6 架日本飞机。

在战斗中，美军战斗机如同牧童放羊一般，只要日本飞机企图分散开，就以猛烈火力将其赶回队形，再集中火力射击队形密集的日本飞机。在美国飞机的打击下，日本飞机不断中弹坠海，甚至出现同时有 15 架飞机起火坠毁的壮观场面。一位美军飞行员在无线电里兴奋地大叫："这真像古代的猎火鸡啊！"于是，这场激烈的海空大战就以"马里亚纳猎火鸡"而名垂青史。

日本有 20 余架飞机拼死突破了美国飞机的拦截。飞临美军舰

一架试图攻击"基特昆湾"号护航航空母舰的日军飞机被击落

队上空时，它们又遭到了美国军舰的高炮火力射击。由于美军高射炮使用了新式的近炸引信，命中率很高，日本又有 10 余架飞机被击落。最后。日本只有 6 架飞机向美国军舰发动了攻击。美国"邦克山"号航空母舰被两枚近失弹击伤，导致 3 人死亡，73 人受伤，升降机和机库供油管道被炸坏，并引起了大火，但被迅速扑灭。美国"黄蜂"号航空母舰被一枚炸弹击中，1 人死亡，12 人受伤。还有一架日本飞机被击中后擦着"印第安纳"号战列舰的右舷坠入海中，使"印第安纳"号战列舰受到轻度损伤。日军这一攻击波，共损失 97 架飞机，其中 40 架轰炸机，24 架鱼雷机和 33 架战斗机，另有 2 架轰炸机在返航途中因伤势过重而坠海，返回母舰的仅 29 架飞机。

9 点，日军第三攻击波乙编队 49 架飞机，其中有 25 架战斗轰炸机、17 架战斗机、7 架鱼雷机，由石见丈三担任空中指挥。起飞后，有 16 架战斗轰炸机和 4 架战斗机与大队失散，便自成一队向目标海域飞去。它们一直飞出 350 海里也未找到美国军舰，便于 14 点返回母舰。石见丈三率领的其余飞机在途中接到母舰通报美军舰队的新位置，但飞抵新位置后没有发现美军航空母舰，就再转向旧目标位置，结果与美军约 40 架战斗机遭遇。双方随即展开空战，日军有 5 架战斗轰炸机、1 架鱼雷机和 1 架战斗机被击落，并失去了攻击美军舰队的战机，只得返回母舰。

美军飞机还没对日本舰队实施攻击时，"大青花鱼"号潜艇和"刺鳍"号潜艇就先立下头功——击沉了日军两艘 3 万吨级的大型航空母舰，即"大凤"号航空母舰和"翔鹤"号航空母舰。

美军"大青花鱼"号潜艇突破了日本军舰的警戒圈，向"大凤"号航空母舰齐射 6 枚鱼雷，有一枚被刚起飞的轰炸机撞毁。由于"大凤"号航空母舰正在组织舰载机起飞，无法进行规避，一枚鱼雷命中了它右舷前部升降机附近的舰体。

"大凤"号航空母舰是日军吸取了中途岛海战经验后建造的新型航空母舰，飞行甲板有 100 毫米装甲防护，机库采用封闭式，以加强生存能力，还有先进的区域火灾控制和自动喷水灭火系统，完全可以承受 500 千克级炸弹轰击，因此完工时被誉为"不沉的航空母舰"。因而，凭着厚实的装甲防护，一枚鱼雷造成的损失对"大凤"号航空母舰并不会有致命的危险。经过有效的损管措施，"大凤"号航空母舰仍能保持战斗航行，似乎并不在意这枚鱼雷。但"大凤"号航空母舰所使用的婆罗洲原油挥发性很强，而鱼雷爆炸撕裂了输油管道，原油蒸汽慢慢从管道的裂口里挥发出来，在通风性极差的封闭机库里逐渐积聚。在中雷 6 小时后，"大凤"号航空母舰机库内积聚的原油蒸汽发生了大爆炸。火势迅速蔓延，甚至将装甲飞行甲板都烧得严重变形扭曲，继而全舰停电，大火又引爆了弹药舱，使得航空母舰内部的大爆炸接二连三。

小泽治三郎见情况不妙，先令"若月"号驱逐舰靠近接下舰员，再改以"羽黑"号重巡洋舰为旗舰。"大凤"号航空母舰于 16 点 28 分沉没，1650 名舰员随舰葬身大海。

但日军的灾难并未结束，从菲律宾海域跟踪小泽治三郎舰队的"刺鳍"号潜艇紧接着也突破了日本军舰的警戒，向"翔鹤"号航空母舰发动了攻击。由于负责保护"翔鹤"号航空母舰的驱逐舰声呐装备比较落后，在众多军舰活动的海域根本无法发现美军潜艇逼近，使"刺鳍"号潜艇在"翔鹤"号航空母舰右舷前方 1100 米处

从容地占据了有利发射阵位，齐射了 6 枚鱼雷，有 3 枚鱼雷直接命中。海水从炸开的破口汹涌而入，"翔鹤"号航空母舰内部也燃起大火，并不时发生爆炸，舰体很快产生倾斜，于 14 点 10 分沉没，1271 名舰员丧生。

而"刺鳍"号潜艇随即遭到日军驱逐舰长达 3 个小时的追踪，总共承受了 105 枚深水炸弹攻击。幸运的是，"刺鳍"号潜艇凭借着灵活机动，只受了轻度损伤，最终摆脱日本军舰攻击，返回了塞班岛。

"大凤"号航空母舰和"翔鹤"号航空母舰因发生剧烈爆炸而

"翔鹤"号航空母舰被美军潜艇击中发生爆炸，不久就沉没了

沉没，日本军舰舰员伤亡惨重。小泽治三郎及其参谋们仓皇转移到"瑞鹤"号航空母舰之上。日军对美军舰队组织了4次攻击，出动飞机286架次，损失192架，却只轻度损伤美军两艘航空母舰和两艘战列舰。美军仅损失23架战斗机，而日军在关岛降落的飞机也大多被击毁，航空母舰上只剩102架舰载机，其中44架战斗机、17架战斗轰炸机、11架轰炸机和30架鱼雷机。小泽治三郎原打算：如果战果较大，则于次日前进至马里亚纳群岛附近，继续实施攻击；如战果较小，则暂时向西退避，调整兵力后再行决战。但直到傍晚，他仍不清楚战果究竟如何，又不清楚出击的飞机中有多少在关岛着陆，只得率领舰队向北航行，后又转向西北航行。

美国航空母舰在舰载机起飞后，恢复西北航向全速前进，以尽量缩短舰载机返航的距离。

美军第一攻击波飞机起飞不久，侦察机便更正了日本舰队的新位置，比原来报告的又远了60海里，米切尔一度曾考虑将第一攻击波飞机召回，在与其参谋人员商量后，决定不召回第一攻击波飞机，但取消了正准备出击的第二攻击波飞机起飞。

17点30分，美国飞机发现了日军的补给船队。部分美国飞机立即进行了攻击，结果击沉了日军"玄洋丸"号油船和"清洋丸"号油船，击伤了"速吸"号油船。其余的美国飞机继续向西，很快又发现了日本舰队，便展开攻击。

小泽治三郎早在 16 点就知道美军航空母舰舰队正在后面进行追击，而且自己位置也已暴露，肯定会遭到美军飞机攻击，便停止海上加油，全速向西北撤退，并以部分水面舰只组织了一支断后编队，向东航行，担负掩护。随后，他将舰队残存的 75 架战斗机尽数派出，进行空中掩护，同时 3 个编队相互靠拢，缩小间距，以便发挥护航军舰的防空能力。

美国飞机临空后，先与空中的日军战斗机发生了空战。尽管日本飞机数量上、性能上以及飞行员素质上都比美军差，被击落 40 余架飞机，但仍顽强拼死苦战，协同水面舰只的防空火力击落了

两架无畏式舰载机从"企业"号航空母舰上起飞前往攻击日本舰队

美国20架飞机。美国飞机突破日本飞机的空中拦截后，对日本舰队进行了猛烈攻击，结果击沉了"飞鹰"号航空母舰，击伤了"瑞鹤"号航空母舰、"隼鹰"号航空母舰和"千代田"号航空母舰、"榛名"号战列舰和"摩耶"号巡洋舰。

★ "辉煌"的战果

返回航空母舰的日军飞行员，向小泽治三郎报告击伤美军5艘航空母舰和1艘巡洋舰，比真实情况夸大了许多，使小泽治三郎认为战果辉煌，决定出动所有飞机乘胜追击，给美军更大的打击。

10点15分，乙编队出动了50架飞机，其中27架轰炸机、20架战斗机、3架鱼雷机。它们在目标海域没有发现美国军舰，便按计划飞往关岛降落。在关岛将要着陆时，它们遭到了美国飞机攻击。日军14架战斗机、9架轰炸机和3架鱼雷机被击落，而降落在关岛的日本飞机，机场跑道因美军轰炸而被严重破坏，所以在着陆时受到很大损伤，几乎没有一架不受伤，因而无法再次起飞参战。

10点20分，甲编队出动18架飞机，其中10架轰炸机，4架鱼雷机和4架战斗机。它们途中遭到美国飞机有力拦截，被击落8架轰炸机、1架鱼雷机，另有1架鱼雷机因损坏程度严重于返航途中坠海。

10点30分，乙编队再度派出9架轰炸机和6架战斗机。它们

到达目标海域没有发现美军，便在附近进行搜索，结果找到了美军的第二航空母舰大队，立即实施攻击。美军"邦克山"号航空母舰被一枚炸弹击中，所幸损伤轻微。日本飞机则在美国军舰猛烈高炮火力下，损失了5架轰炸机和4架战斗机。日军距离美军最近的编队，忙于回收返航的飞机，没有出动飞机。

胜利者的"遗憾"

美国飞机完成攻击后，开始在越来越暗的夜色中返航。一些在战斗中受伤的飞机因燃油耗尽坠海，有些没有受伤的飞机也陆续因为燃油耗尽而在海上迫降。返航的飞机到达舰队上空时，航空母舰已经转向顶风做好了接受飞机着舰的准备。但根据美国海军的战时规定，要实行严格的灯火管制。结果返航的飞机在舰队上空盘旋，除了少数技术高超的飞行员外，大多数飞行员根本无法分辨出哪些军舰是航空母舰，也就无法降落。这些飞机有的燃油已经用完，有的即将用完，飞行员打开识别灯，在舰队上空盘旋，并不断用无线电急切呼叫航空母舰指示位置，但航空母舰没任何反应。一些飞行员只好放弃着舰的打算，在海面进行迫降。此时，编队司令米切尔在旗舰作战舱里来回踱步，焦急地思考：如果打开航行灯，整个舰队就有可能遭到日军潜艇的攻击；如果不打开灯，这批飞机和飞行员将会白白损失。他独自沉思了片刻，最终果断地下令："开灯！"因为他深知，失去了这批飞机和飞行员，特混编队也就失去了战斗力。

刹那间，所有航空母舰都打开了红色的桅顶灯，甚至连航行灯、锚灯都打开了。为了更清楚地显示航空母舰位置，他们还用

大功率的探照灯垂直向上照射，飞行甲板上灯火通明，亮如白昼，有些军舰还发射了信号弹，整个舰队热闹异常。有人说，就像是好莱坞的彩排、中国的春节和美国的独立日赶到了一起。航空母舰还不断用无线电和广播通知飞行员，可以在任何一艘航空母舰上降落。

尽管如此，返航的飞行员因燃油即将耗尽，有的竟然不顾信

返回"列克星敦"号航空母舰的恶妇式战斗机

号和指挥，争先恐后降落，导致秩序混乱，发生了多起事故。一位飞行员不顾"列克星敦"号航空母舰的等待信号，强行降落，结果一连撞上甲板上刚降落的 6 架飞机，造成 2 死 6 伤；还有两架飞机都急于降落，保持不住着舰间距，在"邦克山"号航空母舰上空相撞，造成 2 死 4 伤。不过，也有奇迹，一架战斗机和一架轰炸机几乎同时在"企业"号航空母舰上降落，战斗机尾钩钩住了第 2 根拦阻索，轰炸机尾钩则钩住了第 5 根拦阻索，双双安然无恙。

驱逐舰和水上飞机一见有飞机在海面迫降，就立即赶去援救落水的飞行员。至 22 点，舰载机的着舰作业才告结束。这次着舰过程中，共有 80 余架飞机因迫降或相撞而损失，是战斗损失的 4 倍。但由于驱逐舰和水上飞机全力营救，落水飞行员除 49 人外，大都获救。更讽刺的是，日本联合舰队全力攻击只使美军损失 40 架飞机，竟不及夜间降落给美军造成的损失大。

米切尔随即率领编队西进，在 20 日整个夜间和 21 日上午，都沿着飞机返航的航线航行，以搜寻落水的飞行员。斯普鲁恩斯原想乘胜追击，扩大战果，并计划在 21 日白天再次出动飞机或使用战列舰为主的水面战舰，彻底消灭小泽治三郎舰队的残部。但在 21 日上午，美军侦察机发现日本舰队在 360 海里外正以 20 节航速向西北撤退，而美军为了救援落水飞行员，航速仅 16 节——双方的距离正越来越大。眼看无法追上，斯普鲁恩斯只好下令停止追击，向塞班岛靠拢，以配合登陆编队完成登陆任务。

在 19 日当天战斗结束时，战役结果已大致明朗。小泽治三郎舰队被美国潜舰击沉两艘大型航空母舰，派出的 326 架舰载机中也仅 130 架返回日本，加上在关岛折损的 50 架飞机及随"大凤"号航空母舰和"翔鹤"号航空母舰沉没的飞机，日本总共损失了 315 架飞机。美方取得史上最大舰载机空战的压倒性胜利，空战中仅仅损失 23 架飞机，6 架飞机在操作中意外损毁，此外仅有两艘航舰、两艘战斗舰受到轻微损伤。

6 月 19 日白天，美军第 58 特遣舰队不断派出侦察机，欲寻找日本舰队并歼灭之，但小泽治三郎舰队使用战术成功躲开追踪。同日 15 点，鉴于对日本分兵合击的顾虑逐渐消除，斯普鲁恩斯终于准许米切尔第二天朝日本舰队前进。

鉴于飞行员已在白天的空战中消耗不少体力，米切尔并未在夜间派出侦察机。6 月 20 日上午，美军舰队一面西进，一面派机侦察，仍一无所获。因为 19 日夜间小泽治三郎舰队转往西北，暂时避开与第 58 特遣舰队的接触并进行加油。小泽治三郎意图第二日再度派出其剩余百余架的舰载机，同时计划联合已飞往马里亚纳加油添弹的舰载机一同袭击美国军舰（其实大部分飞往马里亚纳的舰载机已被击落）。

6 月 20 日上午，小泽治三郎再移乘其所在甲编队唯一剩余的"瑞鹤"号航空母舰。此时由于通讯改善，13 点时，小泽治三郎终于得知了前一天空战的结果。由于大量舰载机损失，日军仅剩百余

击落 6 架彗星式轰炸机的弗拉丘

架飞机可以出击。即使如此，小泽治三郎仍打算协同陆基航空队对
美军再进行一次打击。

　　小泽治三郎正决断之时，前卫舰队司令栗田健男自旗舰"爱
宕"号重巡洋舰向他通报：美国第 58 特混舰队向己方逼近，距离
已不到 300 海里。

　　15 点 40 分，美国"企业"号航空母舰的一架侦察机发现了小

泽治三郎舰队——自海战展开 30 个小时以来，美军第 5 舰队终于首度发现一直躲藏在侦察距离外的敌舰队。可时机却极为尴尬，因为双方舰队距离 275 海里，第 58 特混舰队若发动进攻则将使其舰载机面临危险的夜间降落。米切尔虽然左右为难，但为免坐失战

在"蒙特利"号轻型航空母舰上做准备的美军飞行员

机，他依旧发下唯一的指令：出击！16点21分，第58特混舰队第1支队、第2支队、第3支队派出216架飞机进攻，启动了这场海战中第5舰队唯一的一次攻势。在16点15分，日军方面也发现美军舰队，17点25分小泽治三郎舰队甲编队的"瑞鹤"号航空母舰出动7架鱼雷机，前卫部队的栗田健男也因为收到夜战命令而向东进。但美军飞机已抢先赶到日本军舰上空，开始攻击日本军舰。

被美国飞机发现后，小泽治三郎下令舰队向西北各自高速逃脱，并抛弃补给舰队。18点40分，美国飞机抵达补给舰队上空，重创两艘油轮，这两舰油轮后来都被迫自沉。随后一心想寻找日本航空母舰的美国飞机群飞到日本舰队上空，在日落前展开了匆忙的攻击。

日本"飞鹰"号中型航空母舰被一枚鱼雷击中，引发大火，2小时后沉没。而"隼鹰"号航空母舰、"龙凤"号航空母舰、"千代田"号航空母舰、"瑞鹤"号航空母舰和"伊势"号战列舰、"摩耶"号重巡洋舰都被炸弹击伤。其中，小泽治三郎的"瑞鹤"号航空母舰受损较重。在这波攻击中，日本又损失65架飞机，美国则损失20架飞机。由于小泽治三郎下令各舰自行运动及美国舰载机攻击过于匆忙，因此这波攻击成果并不特别理想。

6月20日20点46分，小泽治三郎接到丰田副武的撤退命令，便率领机动舰队本队向中城湾撤退。而掩护本队撤退的断后编队，因敌情不明夜战无望，小泽治三郎命其停止东进，向西北撤退。此

时，日本舰队仅剩 35 架舰载机，战列舰和巡洋舰上也仅剩 12 架舰载水上飞机，几乎丧失了战斗力。

21 日，小泽治三郎命令断后编队驶往吉马拉斯岛，本队则驶向中城湾。在撤退途中，由丙编队的 11 架飞机实施空中警戒，其余两个战队的飞机则做好随时起飞的准备，一旦发现美军飞机前来，全部起飞作最后的决死战斗。

22 日，小泽治三郎率本队驶入中城湾，断后编队则因航行途中海况恶劣也转至中城湾。休整一天后，日本舰队返回濑户内海，受伤的军舰开往船厂修理，其他军舰返回柱岛锚地。机动舰队的补给船只于 23 日进入吉马拉斯岛，装上婆罗洲的原油后驶往濑户内海。

"企业"号航空母舰

★日军失利的四大主因

日军失利的原因主要有：

（1）对美军的战略进攻方向没有做出正确判断。日军大本营一直都以为美军的战略主攻方向是新几内亚——棉兰老岛，因此将机动舰队置于塔威塔威。因为该地距离预计战场较近，当5月27日麦克阿瑟指挥的西南太平洋战区的部队在比阿岛登陆后，日军更是认为美军太平洋舰队将到达新几内亚以北海域，便立即迅速向该方向调集兵力，并准备在帛琉海域与敌决战，同时将潜艇部队配置于加罗林群岛以南，以尽早发现美军舰队，甚至美军于6月11日开始对马里亚纳群岛实施炮火准备，日军仍然认为是美军牵制性行动。直到6月15日美军的大批登陆舰艇到达塞班岛海域，并开始换乘，这才意识到美军的主攻方向是在马里亚纳，但为时已晚。

（2）日军决战没有做好应有的准备。现代海空战的决定性力量是航空母舰及其舰载机，由于日军1943年年底至1944年年初将大批舰载机调往拉包尔一线，以抗击美军的攻势，结果遭受了严重的损失。联合舰队虽然在事实面前进行了改组，将以战列舰为核心改为以航空母舰为核心的第一机动舰队，并为航空母舰配置了基本满额的舰载机，但日军战争初期训练有素的飞行员几乎都已在战争中消耗殆尽，后来的飞行员缺乏必要的训练，只完成了基本的陆上科目训练，至塔威塔威后原打算边进行海上合练边备战，却由于美军潜艇在附近海域活动频繁而无法出海训练，有将近一个月的时间

中断了训练，小泽治三郎率领舰队前往吉马拉斯岛就是为舰载机飞行员提供一个适宜训练的场所，结果在航行途中就接到了出征的命令，其战斗力可想而知，决战的结果也可想而知。

（3）日军的超距攻击战术超出了飞行员的技术水平。日军飞机不像美国飞机有装甲防护，重量比美国飞机轻，因此作战半径比美国飞机大 160 千米。小泽治三郎出于扬长避短的考虑，决定在美军作战半径之外发动攻击，然后在马里亚纳群岛机场上降落加油挂弹，再从陆地机场起飞攻击美军，形成"穿梭攻击"之势。这一战术从纸面上看好像很不错，既可有效打击美军，又能避免美军的攻击。但日军忽视了其飞行员的战术技术水平有限这一重要因素，实施超距攻击必须在极限航程起飞，飞行员在飞行过程中，要尽量节约燃料，要考虑气象条件的影响，要随时警惕周围敌情……连技术熟练的飞行员都不容易做到，何况日军飞行员大都是训练不久的"菜鸟"，如此漫长的航程还没投入战斗就已经精疲力竭了，哪里还有足够的精力应付美国飞机的拦截呢？因此途中遇到美国飞机拦截，自然损失大半，即使突破了美国飞机的拦截，对美国军舰的攻击效果也很不理想。由此可见，日军这一战术，根本未达到预期的效果，反倒事与愿违。

（4）日军岸基航空兵没有起到应有的作用。美军航空母舰编队共拥有舰载机近 900 架，日军航空母舰舰载机仅 439 架，数量上明显处于劣势，而且性能和飞行员素质都大大不如美军，日军企图借助部署在马里亚纳群岛的 500 余架岸基飞机，来弥补这一差距，与舰载航空兵协同对美军实施两面夹击。联合舰队甚至要求在航空母舰舰载机出击前，岸基航空兵先对美军组织攻击，消灭美军三分之一的航空力量。但由于日军对美军战略进攻方向判断失误，将马里亚纳群岛的岸基航空兵大部调往新几内亚，待判明美军攻击方向后再往回调，已经来不及了。而美军也早预料到了日军的这一企图，在战役发起之初，就先对马里亚纳群岛岸基航空兵进行了猛烈攻击，一举肃清日军在该地区的航空力量，并对机场跑道和设施进行了严重破坏，此后又多次对岸基航空兵进行压制性袭击，使日军新调来的航空兵也遭受了很大损失，协同舰载航空兵作战的企图完全落空。而日军在马里亚纳群岛防空设施非常薄弱，甚至连飞机洞库都没有建成，在遭受了美国飞机轰炸后，机场完全失去了作用，连日军舰载机降落时也遭到很大损失，根本无法再次起飞，"穿梭攻击"的计划也因此落空。

因此战役结束后，小泽治三郎曾引咎辞职，未获海军军令部长和联合舰队司令批准。平心而论，小泽治三郎的指挥并无失当，战役的结局，已经不是他和联合舰队司令所能左右的。

第五章

占领马里亚纳群岛

塞班岛登陆战

在 6 月 19 日 ~ 22 日的大海战中，美国以几艘航空母舰的舰载机为主力，一举击垮了日本联合舰队前来决战的机动舰队，最终以辉煌的战绩赢得了胜利。但这并不是马里亚纳海战的全部，因为日本的机动舰队虽然被打败了，被迫撤走了，但日本尚有大量陆海军占领着马里亚纳群岛。在美军第 58 特混舰队赢得海战胜利同一期间，美军负责夺取马里亚纳群岛的登陆部队，也在激烈的战斗中展示了他们的风采。

塞班岛是马里亚纳群岛最具有战略地位的一个岛。美军进攻塞班岛的部队是由霍兰·史密斯任军长的海军陆战队第 5 军，所辖基本部队为海军陆战队第 2 师和海军陆战队第 4 师，共 7.1 万人。担负运输和直接支援的舰船有 7 艘战列舰、7 艘护航航空母舰、11 艘巡洋舰、41 艘驱逐舰、30 余艘扫雷和反潜舰艇、110 余艘登陆舰艇、30 余艘运输舰，共 240 余艘舰船。海军陆战队第 5 军和这些舰艇合编为北部登陆舰队，由特纳指挥。

在 5 月 29 日和 30 日，北部登陆舰队分两批从夏威夷出发，于 6 月 7 日和 8 日到达埃尼威托克补充燃料和淡水，然后继续向塞班岛航行。自 6 月 11 日下午开始，为配合部队登陆作战，美军从海

登上塞班岛的美军士兵

上发起对塞班岛为期3天半的轰炸。

6月15日凌晨，北部登陆舰队到达塞班岛海域，开始换乘。8个营编成的第一登陆波分乘600辆履带登陆车和两栖坦克开始突击上陆。登陆滩头是在西南部的查兰卡诺正面宽度约64千米海滩。虽然受到潮汐影响，比预定登陆时间晚了10多分钟，但美军依然保持了良好的秩序。担负舰炮火力支援的战列舰、巡洋舰和驱逐舰在距岸边仅1000米处抛锚，对日军阵地进行猛烈炮击；护航航空母舰起飞的70余架飞机对日军防御工事实施航空火力压制；编在登陆艇队中的炮艇以40毫米火炮实施伴随火力支援；两栖坦克则在履带登陆车队的两翼和中间，扫清日军障碍，掩护履带登陆车上岸。

在这些火力掩护下，8点44分，第一批部队抵岸。日军炮火非常凶猛，履带登陆车难以开上指定地点，只得在水线附近卸下所载人员。尽管如此，在20分钟里，美军仍有8000人上陆。由于美军登陆前的炮火准备不够充分，很多日军火力点没被消灭，虽然美军顺利登上了岸，但滩头上拥挤了大量人员和物资，又处在日军炮火威胁下，因而美军进展得非常迟缓。更严重的是，在海军陆战队第2师和海军陆战队第4师之间出现了宽达900米的空隙，这是海军陆战队第2师在突击上陆时遇到了强烈的潮汐，航向出现偏差所致。按照计划，在登陆当天，美军应该占领滩头后方约2千米处的丘陵地带，但在日军激烈抵抗下，推进最远的海军陆战队第4师

美军士兵通过绳梯下到两栖登陆舰

23 团到达了菲纳苏苏山，却被山上日军的猛烈炮火压制，只得又后退了百余米。至天黑时，美军虽然上陆部队已有 2 万余人，伤亡 2000 余人，夺取的登陆场却只有计划的一半，难以形成有效的防御态势。

当晚，日军趁美军登陆场狭小，立足未稳之机，发动了夜袭，企图将美军一举赶下海。日军以 36 辆坦克掩护 1000 多步兵发起冲锋。美军早有防备，照明弹一发接一发，将夜空照得如同白昼，日军反击刚开始就被发现。美军随即召唤舰炮火力支援，在猛烈密集的舰炮射击下，日军白白损失 700 余人，一无所得。

6 月 16 日，斯普鲁恩斯与特纳、史密斯商议后，决定派第 58 特混舰队先迎击日本舰队，以保证登陆作战的顺利实施。预备队第 27 步兵师部队立即投入战斗，同时推迟 6 月 18 日进攻关岛的计划，进攻关岛的南部特混舰队部分军舰加入第 58 特混舰队迎击日本舰队，部分军舰则加入支援塞班岛的北部特混舰队。登陆部队和登陆舰艇、运输舰船则退往埃尼威托克礁湖，作为留船预备队待命。因此，这天美军忙于将两个陆战师的部队和所属炮兵部队运上岸，第 27 步兵师也在中午过后开始上岸，所以登陆场没有扩展，实力却大大提高。

从 16 日深夜到 17 日凌晨，日军又以 44 辆坦克和 500 人发动夜袭，结果遭到了沉重打击，坦克被全部催毁，步兵也损失大半。

6 月 16 日黎明时刻，风息雾重，海军陆战队第 4 师 2 营的阵地前，照明弹忽亮忽暗，一群群灰色的物体往美军阵地前蠕动着。美军士兵紧张地端起枪，准备射击。对面传来蹩脚的英语声："Not to shoot！ We are populare."（意思为"别开枪，我们是老百姓"。）

他们走近了。美军士兵可以看清楚那是一群蓬头垢面的老人、抱着孩子的妇女、没携带任何武器的日本平民。有的妇女衣衫褴褛，甚至露出乳房。他们继续向阵地走来，美军沉默着，扣着扳

战斗中的美军士兵

193

机，手心出汗，心咚咚直跳。有几名大胆的士兵爬出战壕，又劝又拉那些妇女和孩子。

突然，在密集的妇女队伍后面，出现了一小队穿便服的日本士兵。他们没带枪，每人身上都挂满手榴弹和迫击炮弹，还有人腰

美军用喷火器向藏有日本士兵的隧道内喷火

上绑着炸药。他们将身上的手榴弹和炮弹投入美军和平民中间，一些绑着炸药的日本兵，跳入美军阵地拉响导火索。在那些老弱妇孺中，竟也有伪装的日军敢死队员，他们的炸弹就藏在小孩身上，点燃引信，把孩子、美军和自己一起炸死。

敢死队员身后，还有大约200名日军，端着上了刺刀的步枪，冲入了美军的环形防线展开肉搏战。天亮后，突入阵地的日军被包围了。他们仍顽强地钻入美军战壕或岩洞中死守，直到用尽最后一颗子弹，才在手榴弹的爆炸声中结束自己的生命。

6月17日，美军粉碎了日军的反击后，以护航航空母舰舰载机、舰炮、坦克和地面火炮支援地面部队发动攻击。美军进展很快，登陆场几乎扩大了一倍，恰兰卡诺阿机场也被攻占。黄昏前，美军的炮兵观测机等轻型飞机已在该机场降落。

斋藤义次见两次夜袭均告失利，知道已无法将美军赶下海，只好改变战术，命令岛上部队依托有利地形进行坚强防御，并调提尼安岛上的部队前来支援。美军完全控制了塞班岛与提尼安岛之间的海域，日本援军在航行途中就被美军驱逐舰消灭，根本无法到达塞班岛。

6月18日，美军继续发动进攻，海军陆战队第4师攻至南部的马基奇思海滩，第27步兵师的165团轻而易举夺下了最大的机场——阿斯利洛机场。两天后，陆战队的战斗机就进驻阿斯利洛机场。因为日军已在收缩防线，斋藤义次已经放弃机场，将守军撤到

了纳富坦角，准备持久防御。深夜，日军从塞班岛西海岸中部的塔那巴戈港出动 13 艘驳船，运载一支部队，企图实施反登陆，但在半路上就被美军驱逐舰发现，随即被消灭。斋藤义次终于意识到由于双方实力相差悬殊，反击已不可能有什么作用，转而重新调整部署，依托岛上最高峰塔波乔峰组织防线。

6 月 19 日，美军第 27 步兵师向东海岸步步进逼，将日军压缩到纳富坦角附近狭小地区。海军陆战队第 4 师也推进到楚楚兰村，占领了斋藤义次以前的指挥所。而美国海军在马里亚纳海战中的辉煌胜利，彻底消除了日本海军对塞班岛的海上增援，塞班岛日军已经陷入了孤立无援的境地。而且，美军第 58 特混舰队可以毫无后顾之忧地全力支援陆上作战。

6 月 20 日，海军陆战队第 5 军军长史密斯正式接过陆上作战的指挥权，特纳全力负责组织物资卸载，以保障登陆部队的后勤供应。

日军大本营千方百计组织增援塞班岛。6 月 16 日，日军大本营就命令特鲁克的部队抽调一个大队，关岛部队抽调两个大队，增援塞班岛。但是，特鲁克没有运输船只，无法进行运输，而关岛的援军只有两个步兵小队和一个炮兵小队。6 月 21 日，日军到达罗塔岛后，由于美军严密封锁，根本无法前往塞班岛。日军的增援企图终告破火。

6 月 22 日，史密斯将塞班岛上的美军部署调整完毕。海军陆战队第 2 师在左，海军陆战队第 4 师在右，第 27 步兵师以一个营肃清纳富坦角的日军残部，主力居中，3 个师齐头并进，肩并肩向前推进。早晨 6 点，美军第 52 特混舰队和第 58 特混舰队的所有军舰、舰载机和 18 个地面炮兵营的火力一起向日军阵地实施火力攻击，弹如雨下，地动山摇。在前所未有的炮火支援下，两个陆战师首先发起了攻击。至傍晚，海军陆战队第 2 师推进到了塔波乔峰西侧山

美军两栖登陆舰正在运送物资

坡下，海军陆战队第 4 师到达了马基奇思湾北岸，形成了对塔波乔峰的夹击之势。

6 月 23 日，第 27 步兵师也加入了战斗，3 个师从西、南、东三面攻击塔波乔峰，但第 27 步兵师师长拉尔夫·史密斯担心部队在夜间行军迷失方向，所以 22 日夜间没及时出发。结果在 23 日拂

美国海军陆战队士兵向日军阵地挺进

晓发动总攻时，第27步兵师第一梯队的3个突击营都无法按预定时间发起攻击，最早的一个营晚了55分钟，最晚的一个营足足晚了2小时又15分，直接影响了总攻塔波乔峰。

在这一天，第27步兵师进展极其缓慢，165团只前进了百余米，106团几乎没有进展，在纳富坦角的一个营也没能肃清日军残部，第27步兵师拖了全局的后腿。而两个陆战师已经突破日军防线，直入日军纵深，整个战线形成了"U"字形——两翼突出中间滞后。由于第27步兵师的迟缓，两翼的陆战师侧翼暴露，不能继续向前，只得停下来。

造成这一原因的是海军陆战队，该陆战队是美军专门为实施登陆作战而组建的部队，不仅接受过两栖战的专项训练，而且其军官都明白登陆作战是背水之战，险恶异常。他们很清楚在陆地上每延误一天，就会造成海面上掩护登陆的舰队多一分损失，取胜的关键在于行动迅速果断。基于这一战术思想，海军陆战队在日常训练中就非常注重培养战斗作风，锻炼战斗意志。所以，海军陆战队战斗作风之顽强、战斗意志之坚忍，一直在美军所有地面部队中首屈一指。太平洋战争中，初期的威克岛防御战，中期的瓜达尔卡纳尔岛争夺战，后期的硫黄岛进攻战，在激烈无比的战斗中创造辉煌的无一不是海军陆战队！

反观陆军，平时训练中过分强调避免伤亡，过于依赖炮火支援，遇到日军阻击，不像海军陆战队要么勇猛冲击，要么绕道迂

回，而是停下来等待炮火支援，有时甚至日军一个机枪火力点就可以阻止美国陆军一个营的部队前进。

这就是军种之间的差异，尽管第27步兵师配属海军参加过几次登陆战，仍未改变陆军那种根深蒂固的保守战术，所以在这次战役中战术的弊端暴露无遗。

正因为如此，脾气暴躁、有着"疯子"之称的史密斯军长与斯普鲁恩斯、特纳商议后，决定撤换第27步兵师师长，由塞班岛驻军司令桑德福特·贾曼在新师长到来之前代理指挥。这引起了陆军的强烈不满，引发了陆海军之间的争执。但随后，第27步兵师攻击也变得雷厉风行，战况开始好转。

6月26日，经过数天激战，美军终于攻下了最高山峰——塔波乔峰。接着，美军向地形比较狭窄的北部地区继续猛攻。

6月30日，在美军越来越大的压力下，斋藤义次率余部退至塔纳帕格村的最后抵抗线，负隅顽抗，作最后的垂死挣扎。

7月3日，海军陆战队第2师占领加特潘角和木特乔。这两地经过异常惨烈的战斗，已经成为一片废墟。

7月4日，第27步兵师攻占了福劳里斯角水上飞机基地，将残余日军压缩至东北角的狭小地域。至此，日军的最后防线被突破，守军大部被歼。

7月6日，斋藤义次和南云忠一向东京大本营发出了最后的诀别电，然后将岛上残余的5000官兵集中起来，部署了最后的决死攻击。当晚，斋藤义次剖腹自杀，南云忠一则用手枪结束了自己的生命。

史密斯预见到日军会在最后失败前进行自杀攻击，特意到第27步兵师师部，叮嘱部属要加强戒备，严密防范日军的自杀式冲锋。但第27步兵师不以为然，麻痹大意，缺乏必要的迎战准备，甚至

美军海军陆战队员在端枪射击（身边是自杀的日军士兵）

战死的日军士兵和正在燃烧的坦克

在两个营的结合部之间留下近 300 米宽的大空隙。

7 月 7 日 4 点 45 分，5000 多日军突然发起了进攻。日军军官挥舞着军刀，身先士卒带头冲锋，士兵们有枪的带枪冲锋，没枪的拿着刺刀和棍棒冲锋。在战斗部队后面，庞大的伤兵队也跟着冲锋。他们有的拄着拐杖，有的吊着绷带。除了缺胳膊少腿者外，有的人已被打瞎，伤兵们有的两两相扶，有的三五成堆，有的人有枪没子弹，有的只有一把刺刀，有的拿着甘蔗砍刀，有的只有颗手榴弹，还有的伤兵干脆什么也不拿。他们走得很慢，跳跃着，蠕动着，号叫着，哭泣着，狂笑着，冲入目瞪口呆的美军阵营。

开始，美军的火炮对准阵地前面猛轰，把日本兵炸得尸骨横飞。后来，日军和美军混作一团。日军从美军第 27 步兵师两个营的空隙间突入，美军 105 团 1 个营在日军的疯狂冲锋下溃散，105 团另两个营则遭到了己方炮火误击，损失惨重。

战斗持续了数小时，美军后方勤杂人员也投入了战斗，最终才将日军这次丧心病狂的自杀式冲锋粉碎。这一仗，美军伤亡不太大，仅 400 人阵亡，而日军在美军阵地前遗留的尸体就有 4300 具。美军只得挖掘一个大坑，再用推土机将那些尸体推入坑中集体掩埋。日军有组织的抵抗至此结束。

经过 2 天清理和整顿，到 7 月 9 日，美军已基本占领全岛，只剩下塞班岛最北端的马皮角。第 27 步兵师 156 团和海军陆战队第 4 师 23 团最早赶到那里。马皮角日军没有抵抗。

在塞班岛登陆战役中，美军 3400 余人阵亡，1.31 万人受伤。日军守备部队中 4.1 万人阵亡，其中陆军 2.61 万人，海军 1.5 万人，被俘 2000 余人。此外，还有 2.2 万平民，全岛的居民几乎三分之二丧生。

美军士兵帮助躲避战争的平民离开洞穴

美军在战斗中伤亡较大，主要原因是进攻前的火力攻击不够充分。在抗登陆地域上，日军构筑在反斜面的炮兵阵地、永备火力点、坚固支撑点和伪装的堑壕等防御工事多半没有被摧毁，日军凭借着这些工事，采取歼敌于水际滩头的作战方针，使美军在登陆前的最初几天中，蒙受了巨大的损失。

★战略要地塞班岛

塞班岛是马里亚纳群岛的第二大岛，长约 21 千米，宽 4～8 千米不等，面积约 122 平方千米，东临太平洋，西临菲律宾海，与关岛和天宁岛相邻。塞班岛地势中央高四周低，岛上多山峰、丘陵、沟壑、岩洞，制高点是岛中央海拔 450 米的塔波乔峰，岛西海岸有一条覆盖整个海滩的珊瑚礁，加拉潘角将其一分为二，北面形成天然良港——塔那潘港。塔那潘港是塞班岛以及马里亚纳群岛的经济、文化中心，南面为平坦的马基奇思海滩，是理想的登陆滩头。日军在塞班岛上建有三个机场，南面的阿斯利洛机场始建于 20 世纪 30 年代，经过扩建，可起降任何机型的飞机，是岛上的主要机场。附近的恰兰卡诺阿机场是简易机场，只能起降小型飞机。北面的马皮机场，跑道较短，作为战斗机紧急着陆的备降机场。

塞班岛不仅是日军在马里亚纳群岛的中心岛屿，还是中太平洋地区的防御核心，其陆军第 31 军军部和海军中太平洋舰队司令部都设在该岛。自 1944 年春起，日军就开始向塞班岛增派部队，加

强防御力量，但因美军封锁严密，途中遭到了很大损失。截至美军登陆前夕，日军在塞班岛上的兵力是陆军步兵第43师团、步兵独立混成第47旅团、工兵独立第7联队、坦克第9联队、山炮独立第3联队和高炮第25联队等部，共2.8万人，211门火炮，39辆坦克；海军有第5水警区的第55警备队和横须贺第1海军陆战队等部，共1.5万人；49门火炮，10辆坦克，合计总兵力4.3万人，260门火炮，49辆坦克。

日本中太平洋舰队司令南云忠一基本不过问地面作战指挥。登陆作战打响时，陆军第31军军长小畑英良曾去关岛视察，但他不留在岛上，所以防务实际上由第43师团长斋藤义次负责。

收复关岛战役

关岛是马里亚纳群岛中面积最大的岛屿，长45千米，宽6～12千米不等，整个岛屿两头宽中间窄，就像一颗花生。它是火山作用而形成的岛屿，海岸上遍是珊瑚暗礁，内陆则是高原型的台地，高低起伏不定，大部分地区都是陡峭的山地，岛上最高山峰是海拔3300米的腾爵山。

1898年起，关岛被美国占领，但只被作为美国本土至菲律宾航线的中途补给站，几乎不设防。1941年，关岛被日军占领时，岛上只有数十名保护总督府的海军陆战队员。

日军在关岛建有3个机场，其中第3个机场尚未竣工。最初，日军对关岛的防御并不重视，直到马绍尔群岛失守，日军才开始加强关岛的防御。日军对关岛的增援比塞班岛成功多了，大批援军和物资运上了关岛。

关岛的守军是陆军步兵第29师团、第48独立混成旅团、第10独立混成联队、第52高炮大队以及海军第54警备队，共2万余人，20余门火炮，40余辆坦克，由第29师团团长高品彪统一指挥。第29师团原是关东军，训练有素，装备精良，战斗力较强。

尽管关岛在战前40余年时间里是美国领土，但美军直到开始

207

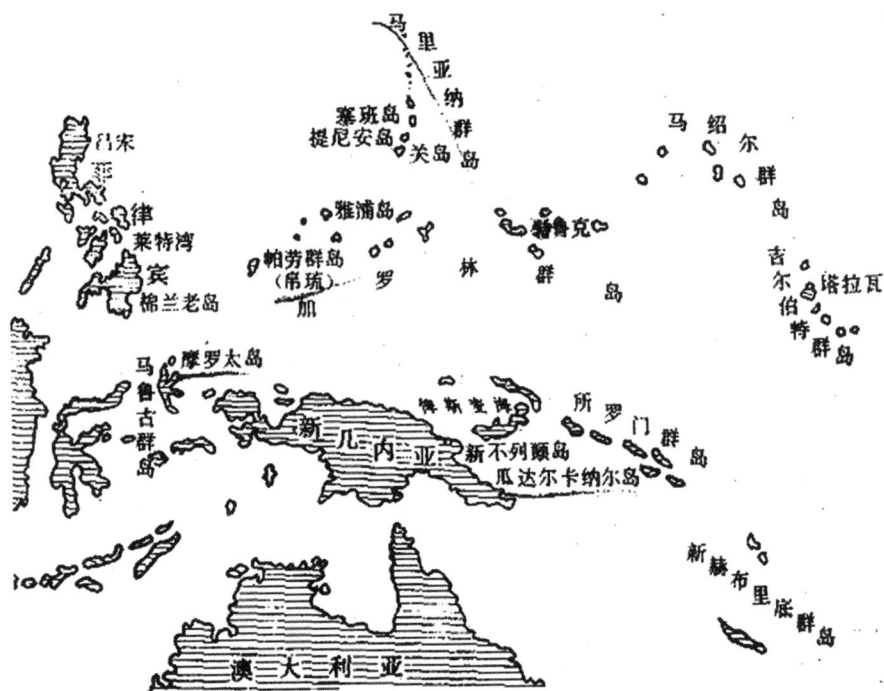

西南太平洋形势图

制定进攻关岛时才发现，他们拥有的相关资料非常粗略，而且对日军占领后的关岛情况一无所知，所以只好不断以飞机进行航空摄影侦察。

美军原计划 6 月 18 日在关岛实施登陆，但通过塞班岛登陆作战，发现登陆部队的兵力还要加强，而增援部队到达战场还需要一段时间，加上海军舰队要全力对付日军机动舰队，所以斯普鲁恩斯于 7 月 8 日决定登陆作战推迟到 7 月 21 日。登陆部队除原来的海军陆战队第 3 师和暂编第 1 旅外，还增加了陆军第 77 师。77 师原为总预备队，在珍珠港待命，接到参战命令后，于 7 月上旬离开珍珠港，中旬到达埃尼威托克礁湖。关岛登陆仍由康诺利指挥的南部舰队承担，该舰队共有 6 艘战列舰、5 艘护航航空母舰、10 艘巡洋舰、53 艘驱逐舰、2 艘护卫舰、75 艘登陆舰、21 艘运输船，加上扫雷、后勤等舰只，总计 265 艘军舰。地面作战部队有陆战 3 师、陆战暂编 1 旅、步兵第 77 师，共约 5.5 万人。

7 月 21 日 8 点 30 分，在猛烈炮火支援下，美军开始突击登陆。陆战 3 师在奥罗特半岛北部的阿散海滩登陆，陆战 1 旅和 77 师在奥罗特半岛南部的阿加特海滩登陆。在阿散滩头，陆战 3 师 3 个团

从美军航母上起飞前往关岛的轰炸机

同时展开登陆作战，在1800米宽的滩头并肩突击。由于海岸中珊瑚暗礁很多，只有履带登陆车能够上陆，全靠履带登陆车往返接运部队。美军最初登陆非常顺利，日军的抵抗微不足道。中午前后，全师部队以及车辆、火炮都已全部上陆。美军随即发现登陆滩头地形极其不利，前是高地，后是大海，两翼是险峻的悬崖，日军在三面山顶和反斜面部署的火炮居高临下覆盖整个登陆滩头。美军2万

对关岛进行炮击的"宾夕法尼亚"号战列舰

余人拥挤在狭小的登陆滩头，日军每一发炮弹都会给美军造成巨大伤亡。陆战3团所要攻击的地形最为险恶，因而伤亡最大，进展最小。陆战21团和陆战9团处境相对要好些，在舰炮火力的有效支援下，都占领了当面的山头，并击退了日军的反击。

南部阿加特滩头日军抵抗比北部更凶猛，美军履带登陆车刚到达珊瑚礁，就遭到了日军炮火猛烈轰击，转瞬间就有24辆履带登陆车被击毁，占总数的八分之一。由于履带登陆车损失惨重，很多士兵只得涉水上岸，被压制在日军火力点前，无法前进，而补给品也没有按计划运上岸，登陆遇到很大困难。陆战暂1旅奋力杀出一条血路，于中午11时许到达了第一预定目标。暂1旅旅长也随之上岸，开设指挥所，率领部队奋勇冲杀。伴随登陆部队上陆的坦克由于地形复杂、遍地障碍和地雷以及错误的引导，一直没能投入战斗，只有一辆坦克在争夺加安据点的激战中，发挥了作用，绕到日军阵地后方，用炮火摧毁了坚固的据点，为步兵前进打开了通路。这一天，战斗非常激烈。

入夜后，日军按惯例发起了反击，美军早有防备，不断发射照明弹，一旦发现日军攻击，立即召唤舰炮火力射击。日军攻势虽然凶猛，却敌不过美军的炮火，白白抛下数百具尸体，毫无收获。

7月22日，北部阿散滩头的美军在舰炮火力支援下开始向前推进。陆战9团攻占了皮提造船厂，其先头部队已经到达了阿普拉港；陆战21团攻占了当面的高地，将日军逐下山头；陆战3团最

为艰苦，伤亡惨重而进展缓慢，经过多次增援，才夺下了鸟瞰登陆滩头的高地，并推进至腾爵公路，使美军的坦克能够沿着这条公路前进。

南部滩头也是一番苦战，陆战4团经过血战，才肃清了阿利凡山上的日军，步兵77师之305团虽然进展缓慢，但到了天黑时分，也与陆战1旅会合，形成了统一巩固的登陆场。

7月23日，南部美军继续展开进攻，攻占了所有能鸟瞰滩头的高地。7月24日，北部美军也经过3天的激战，肃清了所有能鸟瞰滩头高地上的日军。

南部美军开始攻击苏迈之敌，日军拼死顽抗，阻止了美军攻势。7月25日晚，日军向美军发起了猛烈的反扑，这是经过了多天的精心准备，以美军防线的缺口作为目标，先是集中炮火轰击，再是小股部队渗透突击。美军全力应战，击退了日军多次冲锋，但日军根本不顾死伤，攻击波一浪接一浪，终于从北部美军陆战3团与陆战9团之间的空隙冲破了美军防线，有部分日军甚至一直冲到了滩头。美军后方迅速组织勤杂人员前去堵截，有一股日军竟然冲到了美军陆战3师的野战医院，伤病员纷纷拿起武器投入战斗，无法行动的伤员甚至趴在床上开枪。美军火速调来2个工兵连，才将这股日军消灭。其他地区的战斗一直持续到了26日中午，才将日军这次反击粉碎。日军遗留下的尸体多达4000具。

7月26日，日军第48独立混成旅团长重松战死。7月27日，

在关岛登陆时，两名美国士兵手中举着一面美国国旗

南部美军 77 师攻占了关岛的制高点腾爵山，陆战 22 团在猛烈炮火下攻击能俯瞰机场的一个高地。日军在美军炮火下无法支撑，不等美军发起冲击就放弃了高地。同一天，北部美军占领方提台地。

7 月 28 日，美军终于夺取了苏迈，南北两面的部队在腾爵山会师。当天日军关岛最高指挥官 29 师团团长高品彪在战斗中被击毙。前来关岛视察却因战斗打响而滞留的第 31 军军长小畑英良接替指挥。小畑英良深知美军兵力火力都占有较大优势。为进行持久抵抗，他只留下 2 个大队在关岛最狭窄的腰部进行掩护，亲率主力撤到圣罗萨山，准备作最后战斗。

被美军打得七零八落的日军重炮阵地

7月29日，陆战1旅夺取了奥罗特半岛。这样，美军就已控制了关岛的一半。

美军指挥关岛作战的最高指挥海军陆战队第3军军长盖格决定调整部署：陆战3师在左，步兵77师在右，并肩向北展开攻击，陆战1旅负责掩护后方，肃清已经占领了的地区的日军残部。

经短暂战地休整，美军于7月31日发起了攻击。在舰炮火力大力支援下，美军进展顺利。11点时，陆战3团占领了关岛首府阿格拉。

8月1日，盖格命令美军加快推进速度，力争抢在日军建立最后防线之前占领圣罗萨山。

8月2日，美军攻占了提延机场。

8月3日，步兵77师攻克巴里加达村。村里的水井解决了美军缺乏淡水的困难。

8月4日，美军夺取了一个日军坚固的防御阵地，歼敌346人。

关岛上的美军高级指挥官

8月6日，美军推进到了圣罗萨山下，被日军炮火所阻。美军立即召唤舰炮支援，很快压制了日军炮火。

8月7日，陆战1旅完成了肃清后方的任务，在陆战3师左翼加入进攻。

8月8日，步兵77师攻下了圣罗萨山，陆战1旅则推进到了里提迪安角。

占领关岛后的美军

8月9日，步兵77师的先头部队到达了帕提角。

8月10日，小畑英良向东京大本营发出了最后的诀别电。美军攻到了关岛最北端，盖格宣布关岛日军有组织的抵抗已经被肃清。

但战斗并未结束，8月12日，美军才攻下了日军的最后一处阵地。小畑英良和指挥部的人员不是被杀就是自杀。至此，日军的抵抗才基本被平息。

岛上还有约9000名日军隐藏在丛林和岩洞中，不时出来骚扰。扫荡日军残部的战斗一直到战争结束。1945年9月，还有最后一批日军百余人出来投降。在9000名日军中，大部因为补给断绝，在丛林和岩洞中饥寒而死。

关岛一战，美军1435人阵亡，5648人受伤。日军18 560人阵亡，1250人被俘。美军伤亡比塞班岛几乎少了一半，主要因为美军将登陆时间推迟了1个多月，充分利用这段时间，增加了进攻兵力，加强了舰炮和航空火力攻击。这是因为美军充分吸取了塞班岛登陆战的经验教训，同时证明在登陆作战中，炮火准备的重要性，由此看来美军推迟登陆极为明智。

★美军对关岛进攻的准备

美军对关岛的炮火准备早在6月11日就已开始。岛上日本飞机尽数被消灭，日军机场也因遭到严重破坏而无法使用。6月21日至7月7日，美军又对关岛进行了几次舰炮轰击和飞机轰炸，鉴于塞班

岛登陆前只实施了 2 天炮火准备，效果很不理想，使登陆部队遭到了巨大伤亡，因此美军对关岛大力加强了炮火准备。从 7 月 8 日起，美军进行了持续 13 天的猛烈炮击，发射了总计 6258 发的 406 毫米炮弹和 356 毫米炮弹、3862 发 203 毫米炮弹、2430 发 152 毫米炮弹、16 214 发 127 毫米炮弹，虽然日军利用美军推迟登陆的时间在美军可能登陆的滩头设置大量障碍和水雷，并在岛上抢修了一些永备火力点和防御工事，但美军这次长时间的炮击严重破坏了日军的防御工事，几乎摧毁了日军暴露的全部火力点，效果比较显著。

7 月 16 日起，美国海军第 3、第 4 和第 6 水下爆破队连续 3 个晚上在将要登陆的滩头进行水下爆破，炸掉暗礁和障碍物，为登陆扫清了障碍。

7 月 19 日和 20 日，美军所有担任舰炮火力支援的军舰对登陆地点阿加特和阿散两地进行了极为猛烈的炮击。

7 月 20 日，斯普鲁恩斯乘坐旗舰"印第安纳波利斯"号重巡洋舰亲自到达关岛督战。

7 月 21 日，晴空万里，风平浪静，正是交战的好天气，凌晨开始，美军就以 6 艘战列舰、3 艘护航航空母舰、8 艘巡洋舰和 32 艘驱逐舰进行直接火力支援，而且还采用了一种新的战术，军舰和飞机同时对同一目标进行协同攻击，规定舰炮弹道不得高于 365 米，飞机投弹高度不得低于 457 米，这样舰炮与飞机就能发挥更大威力。

登陆提尼安岛

提尼安岛位于塞班岛西南约 5 千米。美军认为，提尼安岛虽然面积较小，但距离塞班岛太近，对塞班岛威胁较大，而且提尼安岛建有设施完备的大型机场，只要稍加改建，就可成为 B-29 轰炸机轰炸日本本土的出发基地，所以决定北部登陆舰队在攻取塞班岛之后尽早夺取提尼安岛。

提尼安岛上日军兵力有海军第 56 警备队、第 82 防空队、第 83 防空队，以及第 1 航空舰队的空勤、地勤和司令部机关人员，共约 4100 人，配置有 10 门 140 毫米岸炮、9 门 75 毫米高平两用炮。陆军为步兵 29 师团之第 50 联队、步兵第 135 联队第 1 大队和 1 个坦克中队，共 4000 余人，配属 12 门 75 毫米山炮、6 门 37 毫米反坦克炮、12 辆坦克。第 50 联队原是驻扎在中国东北的关东军，训练有素，装备精良，是岛上防御的中坚力量。岛上军衔最高的是第 1 航空舰队司令角田觉治，但他所属的部队是岸基航空兵，而且在战斗中几乎损失殆尽，所以实际指挥地面战斗的是第 50 联队联队长绪方敬志。

美军在 6 月 11 日进攻塞班岛开始后，始终分派部分飞机、军舰对提尼安岛进行火力压制，并吸取塞班岛登陆战的经验教训，大

力加强了炮火准备。从 6 月 20 日起，美军就将第 24 野战炮兵军的近 200 门 155 毫米火炮部署在塞班岛西南海岸，对提尼安岛北部地区进行炮击。在 15 天中，美军发射的炮弹多达 24 536 发，平均每分钟就落弹一发。

与此同时，美军侦察机和水下爆破队对提尼安岛进行了周密系统的侦察。美军发现提尼安岛地形不像塞班岛那么复杂，比较平坦，但其海滩多是由珊瑚礁组成的悬崖峭壁，适合登陆的滩头只有

提尼安岛鸟瞰，画面中间就是提尼安岛机场

西南部的桑哈隆湾和东部的阿西加湾。然而，日军在这两处滩头布设有大量水雷，海滩上密布铁丝网，防御工事比较坚固。

除了上述两处滩头外，美军还发现在西北部有两处适合登陆的地点，缺点就是滩头宽度太窄，美军代号"白一滩"的滩头宽度仅30余米，代号"白二滩"的滩头也不过50米宽。日军在此的防御非常薄弱，近乎是不设防的。特纳与史密斯商议后，认为这里可以得到塞班岛地面炮兵的有力支援，而且出乎日军的意料，能够出其不意，最终决定在这两个滩头实施登陆，以达成进攻的突然性。但在这样狭窄的滩头将两个师的人员、车辆、物资运上岸，还从来没有过。好在美军已经通过几年来的战争逐步学会了战争，能够在复杂情况下应付自如。

7月22日，美军首次出动P-47战斗攻击机使用凝固汽油弹攻击提尼安岛。7月23日，美军将提尼安岛划分为5个区域，投入了舰载机、岸基航空兵、舰炮和地面炮火进行了全面火力攻击，使日军火炮阵地和防御工事遭到了严重破坏。在炮火准备中，美军故意对桑哈隆湾和阿西加湾进行了猛烈轰击，而对预定登陆的西北部地区轰击很轻微，以迷惑日军。

绪方敬志将其主力调到上述两个滩头，但他还是留了一手，命令各地部队必须将2/3的兵力作为机动兵力，随时准备调往其他地区，以应付突发情况。当天夜间，美军登陆部队在塞班岛上登船待命出发。

　　7月24日，美军海军陆战队第2师两个团在桑哈隆湾和阿西加湾实施了佯动登陆。当日军开始还击后，美军就重新登上运输舰，前往真正的登陆地点。海军陆战队第4师则由37艘坦克登陆舰运载，在西北海滩实施登陆。美军乘坐履带登陆车分为15个波次，以很小间隔向滩头冲击。

　　7点50分，第一波抢滩登陆，履带登陆车卸下登陆兵立即掉头，运载后续部队。尽管每一波只相距4分钟，但美军没有一点混乱，秩序井然，日军抵抗极其轻微。

　　8点20分，美军已有3个营上岸。10点30分，美军的推土机上岸，迅速拓宽了滩头，改善了滩头狭窄的不利局面。11点30分，第一批M-4坦克上岸。13点15分，75毫米榴弹炮运上岸，随即在预定位置就位，开始以炮火支援登陆部队推进。

　　黄昏时分，塞班岛运来的两个浮桥码头开始架设，于次日早晨开始发挥作用，满载人员和物资的车辆可以从浮桥码头直接开上岸，大大提高了卸载的速度和效率。17点45分，海军陆战队第4师全部上岸。

　　18点50分，75毫米半履带式自行火炮也开始上岸。20点，佯动登陆的海军陆战队第2师先头营也已登上滩头。日落时，美军已有15 614人上岸，并形成了巩固的临时阵地。

　　7月25日凌晨，绪方敬志投入了两个步兵大队和12辆坦克，发动了反击。日军总共向美军发起了三次冲锋。在美军猛烈炮火

美军空袭提尼安岛

下，日军1200人阵亡，但日军的进攻一直持续到天亮才平息。这次反击伤亡的都是提尼安岛上最具战斗力的第50联队的精锐部队。惨重伤亡使日军的防御力量遭到了极大削弱。此后，日军就再也没实施有组织的反击。

7月25日，美军采取白天进攻夜间防御的战法，当天猛攻马加山和拉索山，双方发生了激烈的战斗。而美国海军第58特混舰队出动了3个特混大队从25日至28日对加罗林群岛日军机场和军港

进行了空袭，使上述地区的日军无法增援提尼安岛。

7月26日，美军海军陆战队第2师全部上岸，投入战斗。海军陆战队第4师则占领了北机场，并于7月29日起修复使用。1年后，即1945年8月，美军在日本广岛投下原子弹的B-29轰炸机就是从这个机场起飞的。7月26日下午，美军的105毫米榴弹炮也被运上岛，开始猛烈轰击岛上的日军。日军在美军猛烈炮火轰击下，通信联系全部中断，失去了统一的指挥，只能各自为战，凭借着防御工事负隅顽抗。

7月27日，美军两个师并肩突击，步步为营，稳扎稳打，由北

登上提尼安岛的美军士兵

向南逐步推进。日军由于失去了统一指挥，而且岛上多是开阔的甘蔗田，没有险峻地形可供日军利用，因此节节败退。

7月28日，美军攻占了格关角。7月30日，美军占领了提尼安城。美军已经控制了提尼安岛4/5的地区，日军被压缩到岛的南部，仍在拼死顽抗。

8月1日，美军先后占领了东南角的马波角和最南端的拉娄角。当晚，史密斯将军宣布全部占领了提尼安岛，但在此后数天时间里，还有小股日军残部进行自杀性冲锋，但已经无力回天。绪方敬志等日军指挥官下落不明，估计多半已经按照日军的传统剖腹自杀。

此役，美军389人阵亡，1816人受伤。日军守岛部队大部被歼，仅美军掩埋的日军尸体就有5000具，日军还有252人被俘，其余守军有的隐藏在丛林或岩洞中，有的乘小艇逃往其他岛屿。直到战争结束后，日军还有61人从丛林中走出来投降。

在此次登陆战中，美军付出了极小的伤亡，仅用9天时间就攻下了提尼安岛，堪称岛屿登陆战的经典，被史密斯将军誉为"太平洋战争中最成功的两栖登陆战"。这主要是美军充分吸取了塞班岛登陆战的经验，炮火准备和支援比较得力，计划周密，指挥得当，选择登陆地点出其不意。

★日军落后的装甲战术

回顾这次战斗，我们仍可以发现日军装甲战术的落后：

（1）没有集中，把原本就已经很少的装甲力量布置在几个地方，一个地方6辆，剩下4辆又布置在不同的地方，这比菲律宾山下分散战车的战斗数量还少，菲律宾战车最少的地方也有9辆。而且提尼安岛的日军在进攻作战中，又把战车分散，分成两路战斗。

（2）没有步坦协同，日军根本不重视军种间的配合，至少在提尼安岛战役中是如此表现的，虽然说日军的战车师团有机动步兵的编制，但不代表日军就有步坦协同的能力，就像在解放战争期间国民党组建的快速纵队一样，快速纵队里面有步、坦、炮、通甚至伞等多兵种编制在内，但实际作战效果怎样呢？发挥的作用十分有限，以至于1948年快速纵队这种编制被撤销。多兵种之间的配合需要经过长时间的训练，才能发挥作用，德军的步坦空之间的配合如果不是经过长时间的配合，怎会有闪击波兰重创西欧的战争奇迹呢？

（3）滩头歼灭战术本身就是错误，面对美军的优势，盲目的冲锋只不过是死路一条。塔拉瓦、佩里留（但这次战斗的第一天，日军岛屿的装甲部队也使用了滩头歼灭的战术，结果第一天就损失16辆95式，战前此地日军有17辆95式），硫黄岛、冲绳岛（二次反击除外）这些例子充分反映日本陆军依靠纵深防御，才能重创美军。但战车这种机动性较强的武器，用作防御实属浪费，提尼安岛日军应把装甲集中在不适合大规模机械化部队活动的地区——提

提尼安岛上的一座被炸毁的日军机库

尼安西部，来以守为攻，伏击美军。要配以一个中队规模的步兵配合，但不能作为伏击美军战车，因为95式战车不能击毁美军战车（两栖水陆战车除外），只能伏击美军步兵。在提尼安岛的中部靠东，夹着一条地势低的大道，这条大道是美军装甲部队南下必经之地，在这里可埋伏大量的47mm反坦克炮、地雷等反坦克武器。

但无论怎样做，日军装甲部队也只能是多取得一些战果而已。

大海战的影响

这一战不仅对日本影响巨大，对美军影响也不小。美军虽然取得了胜利，但军方对斯普鲁恩斯的指挥颇有些争议。米切尔和一些航空母舰大队司令，对斯普鲁恩斯拒绝 6 月 18 日西进接敌的请求意见很大，认为日军主力舰队近一年来首次出现应战，以美军优势兵力竟然未能将其消灭，让其逃脱。诚然，塞班岛登陆的美军得到了有效掩护，但以第 58 特混舰队这样一支具有极强攻击威力的航空母舰编队，仅仅充当守护者角色，实在是极大浪费。作为战役总指挥的斯普鲁恩斯在当时只知道日军有两支舰队正在向塞班岛逼近，并不清楚具体位置。因此他命令米切尔先东撤，首先消除岸基航空兵的威胁，待天亮后再回头攻击日本舰队，从谨慎持重这一点而言，无可厚非。当然，斯普鲁恩斯如果 18 日晚按照米切尔的请求西进接敌，战果会较大，但斯普鲁恩斯根据当时并不完备准确的敌情资料，做出先东撤的决定，虽然保守一些，却不能过于苛求。

战后，斯普鲁恩斯对战役的指挥进行了反思，对因掩护登陆滩头行动而过于谨慎感到有些遗憾。这是他本人对自己要求较高，并不能看作是他的失误。

另外，有些人认为舰队的主要任务是消灭敌方舰队，像第 58

特混舰队这样的航空母舰编队更不应为登陆滩头所束缚，应寻找敌军航空母舰舰队决战。提出这一看法的人，事实上本身还没有摆脱陈旧传统的"海上总决战"思想。斯普鲁恩斯则是将确保登陆战役的胜利作为战役首要任务，而不是消灭敌方舰队，这体现了他彻底否定"海上总决战"的战术思想，取得了在大规模两栖登陆战役中使用海军主力舰队的成功经验，由此得到了海军总司令金和太平洋舰队司令尼米兹的充分肯定。

美军作战中所存在的主要问题是，侦察不够得力，无论无线电测向，还是飞机侦察，都未能及时发现日本舰队，一直到 19 日下午才发现日本舰队，而且位置还有些出入，导致了出击的飞机航程过远，造成了一些不必要的损失。

此战中，美军最成功的当数潜艇部队。从 13 日起，美国潜艇就多次发现了日本舰队的活动，并及时报告，使美军有足够的时间进行部署调整和必要的临战准备，而且在日军利用舰载机航程远的优势发动攻击时，一举击沉了日军两艘 3 万吨级的大型航空母舰，要知道当时日军 3 万吨级的大型航空母舰总共才不过 3 艘，特别是击沉了小泽治三郎的旗舰"大凤"号航空母舰，使日军的指挥一度出现了混乱，为美军反击创造了极其有利的条件。

在马里亚纳群岛登陆作战中，美军先后攻占了塞班岛、关岛和提尼安岛，并基本全歼了日军在 3 个岛上的守备部队 7 万余人，导致日军在太平洋上的战略防御态势严重恶化，大本营规定的"绝对国防圈"由于核心地区的丧失而面临崩溃，日本本土将遭到从马里亚纳群岛起飞的美军 B-29 轰炸机的直接空袭，并使美军获得了在中太平洋上继续进军的前进基地。

就在马里亚纳战役进行的同时，轴心国在其他战场上也遭到了沉重打击：6 月 6 日，同盟军在法国诺曼底登陆成功，开辟了欧洲第二战场；6 月至 7 月间，苏联红军发起了白俄罗斯战役和西乌克兰战役，即史称的第 5 次打击和第 6 次打击，歼灭德军约 60 万人，解放了白俄罗斯全境、立陶宛和拉脱维亚的部分、西乌克兰全部和波兰东南部；太平洋战场上，6 月 16 日，美军 B-29 轰炸机从中国成都起飞轰炸日本九州，战火直接烧到了日本本土。

这样的战局下，马里亚纳群岛失陷，极大震撼了日本，加剧了日本统治阶层的内部矛盾。日本人对发动战争的东条英机内阁不信任和反感的情绪高涨，在国内巨大压力下，东条英机于战役进行中的 7 月 18 日被迫辞职，驻朝鲜占领军总督、有着"高丽之虎"绰号的小矶国昭接任首相，组织新内阁。但是，东条英机虽然辞去了首相职务，但仍作为裕仁天皇"重臣"参与重大国事决策。

战后，日本最后一任战时内阁首相近卫文麿在接受美军审讯时，承认当马里亚纳群岛战役失败后，他就确信日本已经在战争中失败了。许多人也从马里亚纳战役中，清楚地认识到日本的最后失败已经无可避免。这就是马里亚纳群岛战役的重大意义。

★马里亚纳海战的影响

这次海战，美军虽未全歼日本舰队，但击沉了日军的3艘航空母舰，彻底消除了日本舰队的威胁，完全夺取了战区的制空权和制海权，孤立了马里亚纳守军，确保了马里亚纳登陆战役的顺利实施。日军在战役中损失的大型航空母舰和舰载机及其飞行员，短时期内无法补充，进而加剧了日军在中太平洋的劣势，对美军以后的战略进攻更为有利。

马里亚纳群岛战役中的海战是日美双方在太平洋上的海上决战，也是历史上规模最大的航空母舰大战。在海战中，日军水面军舰虽然侥幸逃脱了被全歼的命运，但损失了3艘航空母舰，其中两艘还是3万吨的大型航空母舰。最沉重的打击是日军投入作战的岸基航空兵几乎全部损失，舰载航空兵损失超过92%，这些飞机和飞行员的损失，日军在短时期内是无法弥补的。经此一战，可以说日军的海军核心力量遭到了毁灭性的打击，中太平洋上的制海权和制空权彻底落入美军之手。从此以后，日本舰队失去了远洋作战的空中支援，使日军在以后的战争中变得更加被动和困难，而美军取得了战略主动权和战区制海权、制空权，能够从容选择下一个进攻的目标，因此获得了更大的主动。